Franz Knuf
Mobbing!

Franz Knuf

Mobbing!

So wehr' ich mich mit Erfolg

MOEWIG

Hinweis: Die Anleitungen in diesem Buch sind sorgfältig recherchiert und geprüft worden. Dennoch ist jegliche Haftung für Personen-, Sach- und Vermögensschäden ausgeschlossen, soweit gesetzlich zulässig. Insbesondere handelt es sich bei den Ratschlägen und Empfehlungen dieses Buches um unverbindliche Auskünfte gemäß § 676 BGB.

www.MOEWIG.de
Originalausgabe

Umschlagfoto: Frank Heroldt, getty images
Printed in Germany
ISBN 3-8118-1797-3

Inhaltsverzeichnis

EINLEITUNG: WO ANDERE LEIDEN, HÖRT DER SPASS AUF

Mobbing ist kein Modewort, sondern für viele Arbeitnehmer bittere Realität. Es bedeutet Krieg am Arbeitsplatz, ein Krieg zwischen Kollegen, der von oben nach unten, von unten nach oben und manchmal nach allen Seiten geführt wird. »Nur der Stärkste überlebt! Jeder Fehler, der meiner Kollegin unterläuft, ist mein Vorteil. Wenn der Kollege versagt, stehe ich gut da!« Diese Einstellung hat sich in Firmen und Verwaltungen ausgebreitet wie einst die Pest.

Nicht selten wird Mobbing von der Unternehmensleitung stillschweigend geduldet oder sogar als kostengünstiges Mittel unterstützt, um missliebige Mitarbeiter loszuwerden. Wer seinen Arbeitsplatz sichern will, muss »durchsetzungsfähig, belastbar, hochmotiviert« sein. Ellenbogen sind gefragt, und wer es im Kampf um die Beförderung mit unfairen Mitteln geschafft hat, den Kollegen auszubooten, wird oft noch bewundert.

Mobbing ist somit viel mehr als schlechtes Betriebsklima, Ungerechtigkeit oder der übliche Büroklatsch. Wo andere leiden, hört der Spaß auf, denn angesichts der Rahmenbedingungen, unter denen heute in Betrieben und Verwaltungen gearbeitet wird, sitzen viele hoffnungslos in der Mobbingfalle fest. Ihnen, aber auch Vorgesetzten, Kollegen und Betriebsräten, die sich schützend vor ein Opfer stellen möchten, gibt der Autor mit diesem Buch einen umfassenden Ratgeber rund um das Thema Mobbing in die Hand. Denn nur wer weiß, wie der Psychoterror am Arbeitsplatz funktioniert und die Abwehrstrategien kennt, kann sich wehren.

Teil 1
MOBBING – BEGRIFFSERKLÄRUNG

Die Würde des Menschen
ist unantastbar.
(Artikel 1 Grundgesetz)

Was heißt Mobbing?

In der deutschen Sprache kennen wir das Wort »Mob« = Pöbel, Gesindel. Im Englischen bedeutet »to mob« über jemanden herfallen, ihn attackieren, in die Enge treiben. Den Begriff Mobbing prägte in den 40er-Jahren des 20. Jahrhunderts der Wiener Tierpsychologe und Verhaltensforscher Konrad Lorenz, als er in seinen wissenschaftlichen Veröffentlichungen den Angriff einer Tiermeute auf einen Eindringling als Mobbing bezeichnete.

In das Bewusstsein der breiten Öffentlichkeit gelangte Mobbing erst durch das Buch von Professor Dr. Heinz Leymann (1932–2000) »Mobbing – Psychoterror am Arbeitsplatz und wie man sich dagegen wehren kann«. Es kam 1993 in Deutschland heraus. Heinz Leymann, geboren in Wolfenbüttel, wurde 1955 schwedischer Staatsbürger. Er lehrte Arbeitsrecht an der Universität Umeå und galt bis zu seinem Tode als führender Wissenschaftler auf dem Gebiet des Mobbings am Arbeitsplatz.

Was ist Mobbing?

Leymann hat in seinem Standardwerk von 1993 Mobbing wie folgt definiert:

- Mobbing = eine Reihe von negativen, kommunikativen Handlungen, die während eines längeren Zeitraums (über ein halbes Jahr) von einer Einzelperson oder mehreren Personen gegen eine bestimmte Person gerichtet sind.

Vereinfacht gesagt, benennt Leymann hier die Eckpfeiler, auf die sich der Tatbestand »Mobbing« stützt.

- Mobbinghandlungen erfolgen in feindseliger Absicht.

- Die Handlungen sind nicht zufällig, sondern geplant.
- Die Angriffe erfolgen stets auf dieselbe, dem Angreifer oder einer Gruppe von Angreifern unterlegene Person.
- Die Angriffe erfolgen systematisch und über einen Zeitraum von wenigstens 6 Monaten.

Mobbing braucht Zeit

Eine Mobbingsituation entsteht nicht plötzlich, sondern erst im täglichen Umgang über einen längeren Zeitraum. Der von Leymann geforderte relativ lange Zeitraum von wenigstens 6 Monaten sei hier so zitiert, obwohl ihm sicherlich nicht die Bedeutung zukommt wie den anderen drei Punkten. Seit Mobbing am Arbeitsplatz zu einem bestimmten probaten Mittel wird, um unliebsame Mitarbeiter loszuwerden, werfen viele entnervte Opfer bereits nach wenigen Wochen das Handtuch.

Natürlich können Aggressionen gegen Einzelne auch innerhalb einer Gemeinschaft auftreten, die sich nur kurzzeitig – z.B. in einem einwöchigen Fortbildungslehrgang – zusammenfinden. Doch hier spricht man nicht von Mobbing. Die Teilnehmer kennen sich vorher nicht, Sympathie und Antipathie müssen sich erst entwickeln. Zwar bilden sich oft schon in der ersten Pause Gruppen, die jeweils deutlich sichtbar von einem Lehrgangsteilnehmer dominiert werden. Hier sind es die »Fachsimpler«, die sich um Frau P. scharen, die im Unterricht bereits mit ihrem Wissen glänzen konnte. Dort hat Herr K. Anhänger gefunden, weil er sich im Unterricht (zum Leidwesen des Lehrgangsleiters) ständig mit mehr oder weniger witzigen Zwischenrufen in den Vordergrund drängte. Neben diesen Gruppen und Grüppchen gibt es den Einzelgänger oder die Einzelgängerin. Frau X. oder Herr Y. schließen sich keiner Gruppe an und beteiligen sich nicht an den Pausengesprächen der anderen.

In einer Firma, im täglichen Berufsleben, würde sich aus dieser freiwilligen Ausgrenzung aus der Gemeinschaft irgendwann vielleicht eine typische Mobbingsituation entwickeln. Wer sich absondert und sich selbst ins Abseits stellt, wird schnell als Sonderling abgestempelt. Die Gruppen um Frau P. und Herrn K. würden sich gegen den Außenseiter verbünden und gezielte Mobbingstrategien entwickeln. Doch eine Lehrgangswoche reicht für potenzielle Mobber nicht aus, um ihr Opfer kleinzukriegen. Vielleicht muss der Einzelgänger sich einige Sticheleien oder sonstige verbale Aggressionen gefallen lassen. Aber das wird ihn nicht sehr berühren. Er weiß, dass der Lehrgang am Freitagmittag beendet ist. Er wird dann in sein gewohntes soziales Umfeld heimkehren und mit den Lehrgangsteilnehmern in dieser Gruppierung wahrscheinlich nie wieder zusammentreffen.

Die 45 Mobbing-Handlungen nach Prof. Leymann

In einer breit angelegten Studie erkannte Professor Heinz Leymann, dass Betroffene immer wieder denselben 45 Mobbinghandlungen ausgesetzt waren. Entsprechend der Auswirkung auf die Opfer ordnete er diese Handlungen 5 Hauptgruppen zu.

1. Angriff auf die Möglichkeit, sich mitzuteilen

Hier nennt Prof. Leymann Handlungen, durch die der Gemobbte daran gehindert werden soll, seine Meinung zu sagen oder sich verbal zu wehren. Beispiel: Man fährt dem Betroffenen immer wieder über den Mund und »würgt« Gegenargumente oder Erklärungen einfach ab. So werden Einflussmöglichkeit und Selbstwertgefühl des Gemobbten attackiert.

- Der Vorgesetzte schränkt die Möglichkeit des Betroffenen ein, sich zu äußern.
- Der Betroffene wird ständig unterbrochen.
- Kollegen schränken die Möglichkeiten des Betroffenen ein, sich zu äußern.
- Der Betroffene wird beschimpft und angeschrien.
- Die Arbeit des Betroffenen wird ständig kritisiert.
- Das Privatleben des Betroffenen wird ständig kritisiert.
- Der Betroffene wird am Telefon terrorisiert.
- Der Betroffene wird mündlich bedroht.

- Der Betroffene wird schriftlich bedroht.
- Der Betroffene wird durch abwertende Blicke oder Gesten diskriminiert.
- Der Betroffene wird durch Andeutungen diskriminiert, ohne dass man etwas direkt ausspricht.

2. Angriffe auf die sozialen Beziehungen

In diese Rubrik fallen Mobbinghandlungen, durch die das Opfer am Arbeitsplatz isoliert und ausgegrenzt werden soll.

Beispiel: Eine Büroangestellte wird plötzlich auf unbestimmte Zeit ins Archiv versetzt, wo sie allein ist. So nimmt man ihr die Möglichkeit, mit anderen zusammen zu sein und zusammen zu arbeiten.

- Man spricht nicht mehr mit dem Betroffenen.
- Man lässt sich von dem Betroffenen nicht ansprechen.
- Der Betroffene wird in einen Raum weitab von den Kollegen versetzt.
- Den Kollegen wird verboten, den Betroffenen anzusprechen.
- Der Betroffene wird wie »Luft« behandelt.

3. Angriffe auf das soziale Ansehen

In dieser Gruppe finden sich kränkende, beleidigende, verhöhnende und erniedrigende Handlungen. Sie verletzen die Ehre des Opfers und sollen sein Ansehen in den Augen der anderen herabsetzen.

Beispiel: Man behauptet, der Betroffene sei vorbestraft oder habe eine ansteckende Krankheit.

- Hinter dem Rücken des Betroffenen wird schlecht über ihn gesprochen.
- Man verbreitet Gerüchte über den Betroffenen.
- Man macht den Betroffenen lächerlich.
- Man verdächtigt den Betroffenen, psychisch krank zu sein.
- Man will den Betroffenen zu einer psychiatrischen Untersuchung zwingen.

- Man macht sich über eine Behinderung des Betroffenen lustig.
- Man imitiert Gang, Stimme oder Gesten des Betroffenen, um ihn lächerlich zu machen.
- Man greift die politische oder religiöse Einstellung des Betroffenen an.
- Man macht sich über das Privatleben des Betroffenen lustig.
- Man macht sich über die Nationalität des Betroffenen lustig.
- Man zwingt den Betroffenen, Arbeiten auszuführen, die sein Selbstbewusstsein verletzen.
- Man beurteilt den Arbeitseinsatz des Betroffenen in falscher und kränkender Weise.
- Man stellt die Entscheidungen des Betroffenen in Frage.
- Man ruft dem Betroffenen obszöne Schimpfworte oder andere entwürdigende Ausdrücke nach.
- Man belästigt den Betroffenen sexuell.

4. Angriffe auf die Qualität der Berufs- und Lebenssituation

Diese Kategorie fasst Handlungen zusammen, wodurch Arbeit oder berufliche Qualifikation des Opfers herabgewürdigt werden. Beispiel: Der Telefonanschluss oder der Zugang zu wichtigen Computerdateien wird dem/der Betroffenen gesperrt. Dadurch sinkt zwangsläufig die Arbeitsleistung, was ihm/ihr dann wiederum vorgeworfen wird.

- Man weist dem Betroffenen keine Arbeitsaufgaben zu.
- Man nimmt dem Betroffenen jede Beschäftigung am Arbeitsplatz.
- Man gibt dem Betroffenen sinnlose Aufgaben.
- Man gibt dem Betroffenen Aufgaben, die weit unter seinem eigentlichen Können liegen.
- Man gibt dem Betroffenen ständig neue Aufgaben.
- Man gibt dem Betroffenen kränkende Aufgaben.
- Man gibt dem Betroffenen Arbeitsaufgaben, die seine Qualifikation übersteigen, um ihn zu diskreditieren.

5. Angriffe auf die Gesundheit

In dieser Rubrik finden sich Handlungen, die sich direkt gegen die körperliche Unversehrtheit der Betroffenen richten. Auch sexuelle Belästigungen (Berühren, Betatschen) sind gegen die körperliche Unversehrtheit gerichtet.

- Man zwingt den Betroffenen, gesundheitsschädliche Arbeiten auszuführen.
- Man droht dem Betroffenen körperliche Gewalt an.
- Man attackiert den Betroffenen durch leichte Gewaltanwendung (z.B. um jemanden einen Denkzettel zu verpassen).
- Man misshandelt den Betroffenen körperlich.
- Man verursacht Kosten für den Betroffenen, um ihm zu schaden.
- Man richtet psychischen Schaden im Heim oder am Arbeitsplatz des Betroffenen an.
- Man attackiert den Betroffenen mit sexuellen Handgreiflichkeiten.

Anmerkung: Die 45 genannten Mobbinghandlungen dürfte Leymann als »Grundmobbinghandlungen« gemeint haben. Zahlenmäßig lassen sich Mobbinghandlungen wohl kaum einschränken. Je intelligenter und skrupelloser ein Mobber vorgeht, umso vielfältiger sind seine Handlungen. Die Einteilung ist sicherlich nicht als starr anzusehen, da einzelne Mobbinghandlungen auch anderen Gruppen zugeordnet werden können.

Nur ein Konflikt oder schon Mobbing?

Aggressive zwischenmenschliche Verhaltenweisen bis hin zum Psychoterror gab es in den Betrieben schon immer. Überall wo Menschen auf relativ kleinem Raum miteinander arbeiten und auskommen müssen, gibt es auf Dauer keine heile Welt. Kollegen kennen sich oft besser als die besten Freunde. Sie verbringen Tag für Tag mehr Zeit miteinander als mit dem Ehepartner. Und doch sind sie – und das gilt in unserer leistungsorientierten Arbeitswelt in besonderem Maße – vor allem Konkurrenten.

Da wird der eine vorzeitig befördert, während eigentlich der andere »dran« gewesen wäre – schon herrscht »dicke Luft«. Da bekommt eine jüngere Mitarbeiterin eine Gehaltserhöhung, während ihre ältere Kollegin übergangen wird – schon ist der bis dahin freundschaftlich-kollegiale Umgang gestört.

Schnell fällt hier das böse Wort vom »Mobbing«. Doch Vorsicht! Solche Vorgänge, die von den Benachteiligten als schreiende Ungerechtigkeit empfunden werden, kommen in den besten Firmen vor. Hier von Mobbing zu sprechen wäre falsch. Auch all die kleinen Reibungen, Spannungen und Intrigen unter Kollegen gehören zum beruflichen Alltag. Hinter dem Rücken von Frau O. wird erbarmungslos über ihr hässliches neues Kleid hergezogen. Am Morgen nach dem Betriebsfest lacht die gesamte Abteilung über den sonst eher schüchternen Herrn K. Er hatte sich, durch zu viel Alkohol ermutigt, an die attraktive Neue herangemacht und war gründlich abgeblitzt. Und selbst wenn hier und da ein Mitarbeiter oder eine Mitarbeiterin unter den Schikanen eines missgelaunten Chefs leiden muss, kann von Mobbing keine Rede sein.

Natürlich sollte man sich gegen Ungerechtigkeiten wehren, aber mit Augenmaß. Wenn man seinen cholerischen Vorgesetzten kennt und weiß, dass seine grundlosen Wutausbrüche irgendwann jeden treffen, ist es wohl besser, die Angelegenheit mit einem Schulterzucken hinzunehmen. Das Gleiche gilt für den Büroklatsch, der oft Ursache für Konflikte am Arbeitsplatz ist. Wer nicht jedes Wort auf die Goldwaage legt und den Frotzeleien der lieben Kollegen mit Humor begegnet, ist bald wieder aus der Schusslinie.

Die wenigsten Konflikte am Arbeitsplatz führen zu Mobbing. Doch in ca. 90 % aller Mobbingfälle ging ein Konflikt voraus. Um zu erkennen, wann die Grenze überschritten ist, muss man »Konflikt« zunächst definieren.

Intrapsychische Konflikte

Konflikt bedeutet generell ein Aufeinandertreffen verschiedener Wünsche und Bestrebungen. Bei so genannten intrapsychischen Konflikten kommt es zum inneren Widerstreit, zu einem Konflikt mit sich selbst. Gewissensbisse oder Entscheidungsnotstand gehören in diese Konfliktkategorie. Ein wohl jedem bekannter intrapsychischer Konflikt entsteht bei Zahnschmerzen. Einerseits haben wir Angst vor dem Zahnarzt, andererseits wissen wir, dass uns die Behandlung nicht erspart bleibt, wenn wir unsere Schmerzen loswerden wollen. Je stärker die Schmerzen sind, umso leichter fällt es uns, den inneren Konflikt zu lösen.

Einseitige Konflikte

Sie dürfen nicht mit intrapsychischen (inneren) Konflikten verwechselt werden, denn ihnen liegt kein realer Konflikt zu Grunde. Sie existieren nur im Kopf und sind oft Auslöser für späteres Mobbing. Jemand glaubt, der neue Kollege will seinen Job, obwohl der ihm zu dieser Annahme nicht den geringsten Anlass gibt. Das (künftige) Opfer ahnt zunächst nichts von dem einseitigen Konflikt im Kopf des anderen. Es spürt aber die zunehmende Ablehnung und stellt den Angreifer vielleicht irgendwann zur Rede (»Was haben Sie eigentlich gegen mich?«). Es erhält jedoch nur eine ausweichende Antwort. Gleichzeitig sieht der potenzielle Mobber sich durch die Frage bestätigt (»Der glaubt wohl, ich habe ihn nicht durchschaut!«) und beginnt den Neuen erst recht zu mobben.

Interpersonelle Konflikte

Bei Konflikten zwischen Menschen spricht man von interpersonellen Konflikten. Von klein an muss jeder mit interpersonellen Konflikten fertig werden. In der Familie, in der Freundesclique, in der Schule, im Verein. Überall wo Menschen miteinander leben, entstehen kleine und große, offene und verdeckte interpersonelle Konflikte.

Der offene Konflikt

Im Berufsleben sind Konflikte programmiert, wenn Kollegen zu Konkurrenten werden. Nehmen wir als Beispiel Frau Müller und Frau Meier. Beide sind Ende vierzig, seit 10 Jahren in derselben Firma und beruflich gleich gut qualifiziert. Auf Grund von Rationalisierungsmaßnahmen wird jedoch eine von ihnen in absehbarer Zeit den Arbeitsplatz verlieren. Jede weiß, was eine Entlassung für sie bedeutet: mit Ende vierzig wird sie wahrscheinlich nie wieder eine gleichwertige Arbeit finden.

Müller und Meier, bisher gute Kolleginnen, werden zu erbitterten Konkurrentinnen. Jede versucht, der Firmenleitung durch noch mehr Fleiß ihre Unentbehrlichkeit zu demonstrieren, macht z.B. freiwillig unbezahlte Überstunden. Das geht so weit, dass Frau Meier sogar ihren geplanten Urlaub storniert, weil sie Angst hat, der Kollegin das Feld für 14 Tage allein zu überlassen. Probleme im täglichen Arbeitsablauf, die früher gemeinsam und ohne viel Aufhebens bewältigt wurden, werden zu ernsthaften Streitpunkten. Jede belauert die andere, kleinste Fehler werden hochgespielt, als eigene Pluspunkte gebucht, und immer öfter eskaliert ein Streit in bösen verbalen Angriffen und Beleidigungen.

Spätesten hier scheint es, als habe der Konflikt die Grenze zum Mobbing überschritten. Doch das trügt. Es findet zwischen den Kontrahentinnen zwar ein oft völlig unsachlicher und rücksichtsloser Schlagabtausch statt. Doch er wird zwischen gleichwertigen Gegnern geführt. Keine von beiden steht allein. Zwar bilden sich Parteien, aber jede hat eine Gruppe von Kollegen, die auf ihrer Seite steht, und der direkte Vorgesetzte würde gern beide Mitarbeiterinnen behalten. Er beurteilt ihre Leistungen in dem von der Geschäftsleitung angeforderten Bericht als gleich gut.

Hier ist klar der Unterschied zwischen Mobbing und einem gewöhnlichen Konflikt erkennbar. Ein Konflikt wird unter etwa gleich Starken ausgetragen. Beide Kontrahenten greifen an, wehren sich, lassen sich nicht in die Enge treiben. Wer hier letztlich seinen Arbeitsplatz auf Grund der Firmenentscheidung verliert, wird diesen sicher enttäuscht, aber mit erhobenem Haupt und dem Gefühl, gekämpft zu haben, räumen. Niemand hat ihn

»fertig gemacht« und sein Selbstwertgefühl zerstört. Echte Mobbingopfer sind dagegen am Ende nicht selten innerlich zerbrochen.

Der verdeckte Konflikt

Einem verdeckten Konflikt geht meistens ein ungelöster offener Konflikt voraus. Die Kontrahenten sahen irgendwann keine Möglichkeit mehr, sich über einen Streitpunkt zu einigen. »Mit dem/der kann man doch nicht mehr vernünftig reden«, heißt es dann. Ist die Sache, um die es geht, jedoch für eine Seite besonders wichtig, wird der Konflikt verdeckt weiter ausgetragen.

Verdeckte Konflikte sind tödliches Gift für das Betriebsklima. Es werden Seilschaften gebildet, Bündnisse geschmiedet, hier eine hässliche kleine Intrige eingefädelt und dort böse Gerüchte in die (Büro)Welt gesetzt. Das schadet in besonderem Maße auch der Firma, denn es erfordert Zeit und Energie, unter der die Arbeit leidet.

Verdeckt schwelende Konflikte können zur Mobbingfalle werden, wenn sie sich nur noch gegen eine Person richten.

So funktioniert Mobbing: Der Fall Barbara L.

Die nachfolgende Gesprächsaufzeichnung verdeutlicht, wie Mobbing funktioniert. Es wird ohne Kommentar und nur aus der subjektiven Sicht der Betroffenen dargestellt. Analysen von Verhaltensweisen von Opfern und Tätern, Hilfe zur Konfliktlösung und Wege aus der Mobbingfalle werden an anderer Stelle angeboten.

Barbara L. (31) hat eine 7-jährige Tochter und ist allein erziehend. Weil der geschiedene Mann seinen Unterhaltspflichten nicht nachkommt, ist sie nach ihrer Scheidung gezwungen zu arbeiten. Nach längerem Suchen findet sie eine Anstellung als Telefonistin in der Post- und Telefonzentrale einer Großstadtbehörde.

Ihren neuen Arbeitsplatz teilt sich Barbara mit dem Abteilungschef Karl O. (54) und zwei Kolleginnen, die ebenfalls viel älter sind als sie. Eine der Frauen ist kinderlos. Die Kinder der anderen haben das Elternhaus längst verlassen. Die drei arbeiten schon seit vielen Jahren in der Post- und Telefonzentrale zusammen und duzen sich.

Karl O. ist infolge eines Verkehrsunfalls leicht gehbehindert. Er hat sein Arbeitsleben nach der mittleren Reife mit 17 Jahren bei der Behörde begonnen und ist offensichtlich von seinen Vorgesetzten auf diesem Posten »geparkt« worden, wo er die vorzeitige Pensionierung abwartet. »Er schloss morgens die Tür zu seinem Büro hinter sich und las den ganzen Tag die Zeitung oder löste Kreuzworträtsel«, erinnert sich Barbara L. in unserem Gespräch.

Da der Chef nur seine Ruhe haben will und sich praktisch um nichts kümmert, steht Barbara unter der Herrschaft der älteren Kolleginnen. Die nutzen von Anfang an ihre »Narrenfreiheit« aus, um die Neue zu schikanieren. Wieso und warum kann sich Barbara bis heute nicht erklären. Sie ist sehr arbeitsam und macht, wenn sie es einrichten kann, auch Überstunden. Oft muss sie allerdings wegen ihrer Tochter etwas früher gehen. Diese Zeit arbeitet sie stets an einem anderen Tag nach. Doch das ist den Kolleginnen ein Dorn im Auge. Mit der Tochter versuche sie sich nur herauszureden, sonst wäre es doch am besten für sie, überhaupt nicht zu arbeiten, heißt es. Immer öfter haben sie etwas auszusetzen. Kleinste Fehler werden lautstark gerügt. Sie sei unzuverlässig und faul, muss Barbara sich nun täglich anhören. Irgendwann nimmt sie die ständigen Angriffe nicht mehr hin und beschwert sich bei ihrem Chef über die mobbenden Kolleginnen.

»Das war mein größter Fehler«, glaubt Barbara heute. Der Vorgesetzte fühlt sich durch sie nur in seiner Beschaulichkeit gestört. Er behauptet, in seiner Abteilung habe es noch nie Streit gegeben und sie solle sich gefälligst anpassen. Wenig später berichtet er den Mobberinnen brühwarm, dass Barbara sich bei ihm über sie beschwert habe. Damit ist sie bei den Kolleginnen endgültig untendurch. »Sie wollten mich nur noch fertig machen, und der Chef half ihnen dabei«, sagt Barbara.

Außer wenn es um dienstliche Anweisungen geht, spricht fortan niemand mehr ein Wort mit ihr. Dafür ruft der Chef seine Duz-Kolleginnen plötzlich immer öfter gerade dann zu einer angeblichen Besprechung in sein Büro, wenn besonders viel zu tun ist. Wenn Barbara die Arbeit nicht allein schafft, muss sie sich wieder anhören, sie sei faul. Plötzlich ist auch die Kaffeemaschine verschwunden, verschlossen im Schrank. Mittagszeiten werden nicht mehr mit ihr abgesprochen, obwohl immer jemand in der Telefonzentrale anwesend sein muss. Der Chef und die Kolleginnen gehen um Punkt zwölf in die Kantine und kehren erst zurück, wenn diese um halb zwei schließt. So kann Barbara den ganzen Tag über nicht einmal einen Kaffee trinken.

Als sie wegen einer Erkrankung ihrer Tochter drei Mal hintereinander zu spät zum Dienst kommt, verpasst der Chef ihr eine Abmahnung. Eine Woche später lässt er die zweite Abmahnung folgen. Diesmal, weil sie angeblich 40 Cent für ein privates Telefonat nicht gezahlt habe.

Zu diesem Zeitpunkt fühlt Barbara sich schon völlig in die Enge getrieben. Sie leidet unter Magenbeschwerden, Kopfschmerzen und Schlaflosigkeit. »Ich kam mir vor wie der letzte Dreck«, sagte sie. Sie macht nun tatsächlich immer öfter Fehler, wodurch sich die Mobber nur bestätigt sehen und ihre Angriffe noch verstärken. Barbaras Selbstwertgefühl ist zerstört und sie wagte es nicht, den nächsthöheren Vorgesetzten ihres Chefs oder den Betriebsrat anzusprechen, weil der »altgediente« Karl O. überall im Rathaus seine Seilschaften hat.

Acht Monate nach ihrem ersten Arbeitstag in der Post- und Telefonzentrale wirft Barbara L. das Handtuch und kündigt. Doch es dauert noch einmal so lange, bis ihre psychosomatischen Beschwerden sich langsam bessern. In dieser Zeit lebt sie von der Sozialhilfe. Inzwischen arbeitet sie halbtags als Kassiererin in einem Supermarkt. Sie kommt mit den Kolleginnen gut aus und ist mit ihrer Arbeit zufrieden.

Volks- und betriebswirtschaftliche Folgen von Mobbing

Mobbing am Arbeitsplatz verursacht Jahr für Jahr einen immensen wirtschaftliche Schaden. In Firmen, Abteilungen und Büros, in denen gemobbt wird, sinkt die allgemeine Arbeitsleistung. Die Atmosphäre in der Arbeitsgruppe ist feindlich, und die Angst, als Nächster Zielscheibe von Schikanen zu werden, geht um. Auch die Mobber und Mobberinnen sind keine Gewinner. Man arbeitet ungern mit ihnen zusammen und geht ihnen aus dem Weg. Das lähmt die Arbeitsfreude und Kreativität aller. Als Folge wird die innere Kündigung vollzogen, »Dienst nach Vorschrift« gemacht. Fehlzeiten, Selbstkündigung und damit verbundene Einarbeitung von neuen Mitarbeitern kosten den Arbeitgeber Unsummen.

Nicht selten gehen Mobbingopfer oft vorzeitig in Rente und zahlen somit frühzeitig nicht mehr in die Sozialversicherung ein. Die Folge sind höhere Renten- und Krankenversicherungsbeiträge für die, die noch im Arbeitsprozess stehen. Rechnet man alle volks- und betriebswirtschaftlichen Kosten von Mobbing zusammen, so beläuft sich in Deutschland der Schaden in Euro nach vorsichtigen Schätzungen auf einen zweistelligen Millardenbetrag.

Selbst in Fällen, wo Mobbing von Arbeitgebern oder Vorgesetzten gezielt als Mittel genutzt oder zumindest toleriert wird, um unliebsame Mitarbeiter loszuwerden, dürfte der Schaden für das betreffende Unternehmen ungleich höher sein als der Nutzen. Durch die Vergiftung des Betriebsklimas wird auch bei den verbleibenden Beschäftigten viel Motivation zerstört, und die vermeintliche Kosteneinsparung durch den Personalabbau wird durch Produktivitätsverlust zunichte gemacht. Somit gibt es bei Mobbing nur Verlierer, denn die Zeche zahlen wir alle.

Teil 2
URSACHEN – TÄTER – OPFER

Vom Betriebsklima hängt alles ab

Der tägliche Kleinkrieg im Büro

Wir verbringen jeden Tag acht Stunden an unserem Arbeitsplatz. Das sind bei 5 Werktagen 40 Stunden in der Woche. Zieht man Feiertage und Urlaub ab, arbeiten wir 45 Wochen x 40 Stunden = 1800 Stunden im Jahr. Legt man ein Arbeitsleben von ca. 40 Jahren zu Grunde, so halten wir uns in dieser Zeit rund 70 000 Stunden an unserem Arbeitsplatz auf. Das heißt, zwischen unserem 20. und 60. Geburtstag verbringen wir rund ein Drittel unserer Zeit mit Kollegen und Vorgesetzten – das kann gar nicht immer gut gehen! Außerdem wäre es doch sehr eintönig und langweilig: 70 000 Stunden, in denen kein böses Wort fiele, in denen nichts schief ginge, in denen alle mit ihrem Gehalt und ihrer Arbeit nur glücklich wären. 70 000 Stunden Friede, Freude, Eierkuchen ...

Vergessen wir also diese ein wenig ketzerischen Überlegungen und geben zu, wie es wirklich ist. Da hat der Schichtführer X. mal wieder eine Saulaune und brüllt jeden auf der Baustelle an, weil ihm nichts schnell genug geht, oder die Kollegin Y. kommt schon den dritten Tage hintereinander mit verheulten Augen ins Büro und macht alles falsch, weil sie Liebeskummer hat. Und Sie sind wieder einmal das arme Schwein, das die Fehler der anderen ausbügeln muss ...

So oder so ähnlich kennt es jeder, der Tag für Tag in Betrieb oder Behörde seiner Arbeit nachgeht. Und jeder weiß auch, dass all die kleinen und großen Auseinandersetzungen, all der Klatsch und Tratsch genauso dazugehören wie die unvermeidbaren Pannen im Arbeitsablauf. Wo Menschen zusammen arbeiten, entstehen immer Konflikte, und sie müssen auf die eine oder andere Art bereinigt werden. Ist das Betriebsklima in Ordnung, greifen gute Vorgesetzte und Kollegen meistens schnell ein und versuchen zu schlichten, wenn sich ein Streit zuspitzt. In einem guten Team weiß jeder, wie wichtig es ist, Missstimmungen gütlich und endgültig auszuräumen. Sobald nämlich einzelne Mitarbeiter beginnen, gegeneinander zu arbeiten, ist eventuell der Erfolg der ganzen Abteilung gefährdet.

Der Fall Lisa R.

Der nachfolgende Fall macht deutlich, wie sich auf der Grundlage eines schlechten Betriebsklimas sehr schnell eine für das Opfer unerträgliche Mobbingsituation entwickeln kann.

Lisa R. (26, ledig) freut sich auf ihren neuen Job bei der Firma »Meier & Co.«. Sie ist gelernte Bürokauffrau mit einer soliden Ausbildung und hat schon einige Jahre Berufspraxis in einem kleineren Unternehmen. Sie hat sich in dieser Zeit ständig weitergebildet. Im Umgang mit computergestützten Textverarbeitungssystemen und Tabellenkalkulationen ist sie versiert und kann glänzende Zeugnisse vorweisen. Ihr Arbeitgeber lässt sie nur ungern gehen, aber Lisa möchte sich verändern, weiterkommen.

Das Vorstellungsgespräch mit dem Personalchef ihrer neuen Firma, einem Ersatzteilzulieferer für die Autoindustrie, verlief vielversprechend. Auch das Gehaltsangebot war ein wenig besser als bisher, obwohl sich Lisa mit ihren Vorstellungen hier nicht ganz durchsetzen konnte. Mehr Geld zu verdienen stand für sie jedoch nicht an oberster Stelle. Sie wollte einen interessanteren Job, eigenverantwortlicheres Arbeiten, bessere berufliche Perspektiven und Aufstiegsmöglichkeiten. Das alles hatte der Personalchef ihr versprochen. Dazu ein angenehmes Betriebsklima und nette Kollegen. Dann passiert das:

Als Lisa B. an ihrem ersten Arbeitstag pünktlich in der Firma »Meier & Co.« erscheint, hat sie offensichtlich niemand erwartet. Der Pförtner telefoniert ihretwegen, zuckt schließlich nur mit den Schultern und meint, sie solle sich einfach im Verwaltungsbüro melden. Das sei ja wohl jetzt ihr Arbeitsplatz. Erst als Lisa ihn darum bittet, erklärt er ihr unwillig den Weg dorthin.

Als Lisa das Verwaltungsbüro betritt, schauen ihre neuen Kolleginnen, drei Frauen im Alter zwischen 35 und 60 Jahren, sie kaum an. Die beiden jüngeren Frauen streiten gerade und beschuldigen sich gegenseitig, irgendeinen Auftrag »verschlampt«

zu haben. Die ältere weist Lisa knapp an, zu warten »bis der Chef da ist«. Doch der kommt erst einmal nicht.

Fast eine halbe Stunde wartet Lisa wie bestellt und nicht abgeholt neben der Bürotür. Der einzige freie Stuhl steht vor dem einzigen unbesetzten Schreibtisch. Lisa ahnt, dass dort ihr Platz sein wird, aber sie wagt es nicht, sich einfach zu setzen.

Endlich taucht der Abteilungsleiter Walter K. auf. Er ist ein nervöser Mann Ende vierzig. Noch in Hut und Mantel gibt er den anderen Frauen Anweisungen, was unbedingt sofort erledigt werden müsse, bevor er Lisas Gegenwart zur Kenntnis nimmt. Erst als sie ihm erklärt, wer sie ist, erinnert er sich: »Ach ja, die Neue!«

Im Befehlston zitiert er Lisa in sein separates Büro. »Kommen Sie mit!« Er setzt sich hinter seinen Schreibtisch und führt zunächst ein Telefongespräch, brüllt dabei »Scheißladen« und »Hier funktioniert auch nie was« in den Hörer, während Lisa noch immer stehen muss. Sie ist inzwischen den Tränen nah und würde am liebsten gleich wieder davonlaufen. Aber sie beißt die Zähne zusammen, lässt die unfreundliche Einweisung ihres Vorgesetzten und eine frauenfeindliche Bemerkung (»Sie sind ledig? Na, dann werden Sie ja hoffentlich nicht schwanger!«) über sich ergehen. Dann übergibt der Chef sie der Obhut von Renate A.

Renate A. (57) ist die älteste der drei im Verwaltungsbüro tätigen Frauen und die »rechte Hand« des Abteilungsleiters. Sie zeigt Lisa ihren Platz (der bisher freie Schreibtisch) und bemerkt nebenbei, dass »die, die vorher hier gesessen hat, in der Klapsmühle gelandet ist«. Lisa bekommt von ihr ein Passwort, mit dem sie die von ihr erstellten Computerdateien schützen soll. Anschließend knallt Renate A. ihr einen Aktenordner mit Kalkulationen, Lieferverträgen und Kundenabrechnungen auf den Tisch und kümmert sich nicht weiter um sie.

Lisa R. ist an ihrem neuen Arbeitsplatz sofort unglücklich. Als Neue und Jüngste wird sie von ihren Kolleginnen im Verwaltungsbüro beobachtet. Alles, was sie tut, wird genauestens registriert. Ein freundliches Wort, gar Anerkennung, gibt es nicht. Aber noch wird sie nicht wirklich gemobbt, denn auch untereinander mögen die Frauen sich nicht. Es ist ein ganz mieses Betriebsklima, das vor allem von der alternden Renate A. bestimmt wird. Sie ist das Sprachrohr des Abteilungsleiters Walter K., wenn er nicht gerade selber die Lust verspürt, eine der Frauen wegen angeblicher Arbeitsfehler zu schikanieren. A. hat auch Zugang zu sämtlichen passwortgeschützten Dateien ihrer jüngeren Kolleginnen. Sie nimmt darin manchmal willkürliche Änderungen vor und behauptet dann: »Diesen Mist kann ich doch Herrn K. so nicht vorlegen!« Nicht selten verursacht sie (gewollt?) Fehler, die sie aber wiederum der betreffenden Kollegin anlastet, wenn der Chef darüber stolpert.

Erst nach und nach begreift Lisa das perfide System, mit dem Renate A. ihre Macht ausübt, die letztlich nur auf dem Wohlwollen des cholerischen Abteilungsleiters beruht. Lisa, die in ihrer alten Firma ein gutes, fast familiäres Betriebsklima gewöhnt war, beginnt sich gegen Renate A. zu wehren. Sie will damit auch ihren beiden Kolleginnen zeigen, dass man sich nicht alles gefallen lassen darf. Doch die haben nicht den Mut, ihr zu folgen. Stattdessen lassen sie sich von Renate A. gegen Lisa aufstacheln. Plötzlich hat sie alle gegen sich und wird massiv gemobbt. So spielt zum Beispiel ihr Computer plötzlich aus unerfindlichen Gründen verrückt, Dateien sind in andere Ordner verschoben oder völlig unauffindbar. Belege und Rechnungen verschwinden von ihrem Schreibtisch, Hefter und Locher findet sie nach langem Suchen im Papierkorb wieder ...

Lisa hat sich und ihre Kraft überschätzt und ist bald ein Nervenbündel. Längst hat sie begriffen, dass sie die beim Vorstellungsgespräch vom Personalchef gemachten Versprechungen (verantwortungsvolles, selbstständiges Arbeit, baldige Gehaltszulage usw.) vergessen kann. Sie gibt ihren Widerstand gegen die ungerechte Behandlung auf, passt sich an und tut ihr Arbeit. Doch einmal Opfer, immer Opfer. Sie hat durch ihr aufmüpfiges Verhalten endgültig den Hass von Renate A. auf sich gezogen. Die Ältere beginnt immer stärker zu mobben, und die beiden Kolleginnen helfen ihr dabei. Denn solange Renate A. es auf Lisa abgesehen hat, haben sie Ruhe vor der »Alten«.

Dann erfährt Lisa eines Tages durch Zufall, dass sie in dieser Abteilung die vierte Neue in zwei Jahren ist. Eine ihrer Vorgängerinnen war jene Frau, die in der »Klapsmühle« landete. Sie wurde von Renate A. genauso fertig gemacht, wie diese jetzt Lisa fertig machen will. Doch darauf will Lisa nicht warten. Sie kündigt noch vor Ende der Probezeit und verlässt die Firma »Meier & Co.«.

Lisa R. hatte damals noch Glück. Ihr ehemaliger Chef stellte sie wieder ein, sodass ihr die Arbeitslosigkeit erspart blieb. Sie war psychisch auch robust genug, ihre Situation rechtzeitig einzuschätzen und die richtige Entscheidung zu treffen, bevor auch sie reif für die »Klapsmühle« war.

Wie der Herr, so's Gescherr

Ist das Betriebsklima schlecht, werden Konflikte und Meinungsverschiedenheit nicht offen diskutiert und bereinigt. Stattdessen wird ein verdeckter Kleinkrieg unter den Mitarbeitern geführt, der auf Kosten der Arbeitsleistung geht. Der betriebswirtschaftliche Schaden wird aber – wenn überhaupt – erst nach Monaten und Jahren offenbar. Vor allem bei Behörden und sonstigen Verwaltungseinrichtungen ist der wirtschaftliche Verlust nicht messbar. Es gibt hier selten Erfolgsbilanzen, die sich in Euro und Cent rechnen lassen.

Natürlich wissen die direkten Vorgesetzten oft, dass das miserable Betriebsklima in ihrer Abteilung der Grund für mangelnde Arbeitsleistung, Schlendrian und häufige Krankmeldung ist. Doch nicht selten liegt die miese Stimmung unter den Mitarbeitern vor allem am schlechten Führungsstil. Somit – wie der Herr, so's Gescherr – ist zunächst der Chef der eigentlich Schuldige, wenn das Betriebsklima nicht stimmt. Denn er hätte die Macht einzuschreiten und Konflikte zu schlichten, bevor sie eskalieren. Er greift jedoch aus den verschiedensten Gründen nicht ein. Zum einen, weil Zank und Streit unter seinen Mitarbeitern von der eigenen Unfähigkeit ablenken. Führungsschwache Vorgesetzte verfahren oft nach dem Motto »einfach wegsehen«. Andere halten es lieber mit: »Nach oben buckeln, nach unten treten.« Sie haben ihre Lieblinge, Jasager, Speichellecker, die ihnen alles zutragen und von den Kollegen gefürchtet sind.

Andererseits befinden sich viele Vorgesetzte auf der unteren Führungsebene in einer undankbaren Position. Nehmen wir als Beispiel den Leiter einer Serviceabteilung. Von oben wird ihm gesagt, er müsse Kosten einsparen, und bekommt Vorgaben, welche Ergebnisse am Jahresende von ihm erwartet werden. Andererseits soll die Kundenzufriedenheit weiterhin gewährleistet sein. Ein Eiertanz! Der Sercviceleiter weiß, dass die Zielvorgaben mit seinen Leuten kaum zu schaffen sind. Die arbeiten nicht effektiv genug, schwärzen sich gegenseitig an. Die Stimmung ist mies, und viele haben offensichtlich bereits »innerlich gekündigt«. Trotzdem macht er Dampf, gibt den Druck von oben nach unten weiter. Doch der Schlendrian ist längst verwurzelt, seine Untergebenen schalten mehr oder weniger auf stur und wursteln weiter wie bisher. Der Abteilungschef grübelt, ob er das Verhalten seiner Leute nach oben melden soll. Lieber nicht! Es könnte ihm als Führungsschwäche ausgelegt werden. Muss er die Zügel also noch straffer anziehen, vielleicht sogar zwei, drei unfähige Mitarbeiter hinauswerfen und neue einstellen? Aber gute Leute liegen auch heutzutage nicht auf der Straße. Außerdem müssten sie erst eingearbeitet werden – ein Dilemma! Der »Sandwich-Chef« sitzt zwischen allen Stühlen. Und in einer Firma, wo das Betriebsklima generell schlecht ist, hat er niemanden – weder oben noch unten –, der ihm zu Hilfe eilt.

Jeder wünscht sich ein gutes Betriebsklima

Arbeitspsychologen wissen, dass die physische und psychische Verfassung von Menschen an ihrem Arbeitsplatz und damit ihre Motivation und ihr Engagement für die Unternehmensziele weitgehend vom Betriebsklima abhängen. Auch das Ergebnis einer Umfrage unter den Mitarbeitern eines großen deutschen Automobilwerkes zeigt klare Prioritäten. In der Reihenfolge der Bewertung wurde gleich hinter dem Wunsch nach »einem sicheren Arbeitsplatz« der Wunsch nach einem »kollegialen Umfeld« genannt. Weiterhin war den Arbeitnehmern am wichtigsten:

- die Freude an der Arbeit,
- die Anerkennung durch Vorgesetzte,
- die gute Bezahlung,
- die Möglichkeit, Berufs- und Privatleben in Einklang zu bringen,

- kein Stress.
- Weit abgeschlagen folgte erst der Wunsch nach »beruflichem Ansehen«.

Warnsignale erkennen

Leider ist es nicht möglich, das Betriebsklima objektiv zu messen. Achten Sie jedoch auf Anzeichen und Warnsignale, an denen sich die Stimmung messen lässt.

Typische Alarmsignale für schlechtes Betriebsklima sind:

- Niemand fühlt sich für offensichtliche Missstände verantwortlich oder versucht sie abzustellen.
- Toiletten und Pausenräume sind unreinlich.
- »Bitte« und »Danke« kommen im firmeninternen Sprachgebrauch nicht mehr vor.
- Die linke Hand weiß oft nicht, was die rechte tut.
- Es bilden sich Cliquen. Abteilungen arbeiten gegeneinander.
- Betriebsfeiern werden als Pflichtveranstaltungen betrachtet.
- Einzelne Kollegen/Kolleginnen werden ins Abseits gedrängt.

Außerdem gedeiht in einem schlechten Betriebsklima eine gefährliche Gattung besonders gut – die der Klima-Vergifter! Man kann sie in drei Unterarten aufteilen.

Spezies Nr. 1 …
… sind jene Mitarbeiter, die stets aktiv werden, wenn es darum geht, die miese Stimmung im Betrieb durch Gerüchte und Panik noch anzuheizen. Zum Beispiel durch Lügen über berufliche oder private Probleme von Kolleginnen und Kollegen. Oder sie verbreiten Gerüchte über angeblich kurz bevorstehende Rationalisierungsmaßnahmen und Entlassungen. Sie wissen immer alles »ganz genau« und »aus zuverlässiger Quelle«.

Spezies Nr. 2 …
… glänzt durch häufige Abwesenheit. Diese Mitarbeiter fehlen stets dann an ihrem Arbeitsplatz, wenn viel zu tun ist. Manchmal sind sie suchtgefährdet (Alkoholiker) und nicht mehr voll belastbar. Je schlechter das Betriebsklima, umso weniger Hilfe aus der

Sucht können sie in ihrer Firma erwarten. Sie flüchten in Krankheiten, und die anderen müssen ihre mangelnde Arbeitsleistung ausgleichen.

Spezies Nr. 3 …
… gehören bestimmte Vorgesetzte an. Sie behandeln ihre Mitarbeiter nach dem Motto: »Im Dunkeln lassen und mit Mist bestreuen.« Sie verdecken ihre Führungsschwäche, indem sie Informationen nicht weitergeben. Ihren Mitarbeitern erscheinen Anweisungen unverständlich, weil sie Ziele und Hintergründe nicht erkennen. Nichts demotiviert aber mehr, als wenn zugewiesene Aufgaben unsinnig erscheinen.

Auch »Last-Minute«-Chefs gehören zur 3. Kategorie und drücken maßgeblich das Betriebsklima. Sie erteilen wichtige, noch zu erledigende Aufträge bevorzugt kurz vor Feierabend oder am Freitagnachmittag. Oft durch ihre Sekretärin, weil sie sich selbst eine Diskussion mit dem gefrusteten Mitarbeiter ersparen wollen. Diese Methode wird gern von führungsschwachen Vorgesetzten angewandt. Sie verschanzen sich hinter ihrer schalldichten Bürotür und geben unliebsame Anweisungen nur über Dritte weiter.

Innere Kündigung

Innere Kündigung als Folge eines schlechten Betriebsklimas wird oft erst spät erkannt, kommt aber besonders häufig vor. Man unterscheidet zwischen aktiver und passiver innerer Kündigung.

In der aktiven Form versuchen Betroffene, sich für die als kränkend und ungerecht empfundenen Erfahrungen an Kollegen, Vorgesetzten oder der Firma zu rächen. Sie wollen es ihnen »heimzahlen«. Einmal, indem sie ihre volle Arbeitsleistung verweigern, aber auch, indem sie z. B. heimlich die Arbeit anderer sabotieren. Sie leiten Briefe und Anrufe nicht weiter oder löschen wichtige Computerdaten. Die Gemobbten werden also selbst zum Mobber. Allerdings nicht offen, sondern verdeckt, ohne dass sie als Schuldige identifiziert werden können.

Die passive Form der inneren Kündigung ist weniger durch Rachegedanken als durch Resignation gekennzeichnet. Die Betroffenen ziehen sich innerlich zurück, schalten ab. Bestenfalls machen sie »Dienst nach Vorschrift«, ohne jede Eigeninitiative. Symptome für passive innere Kündigung sind: der Mitarbeiter / die Mitarbeiterin ...

... hat keine eigene Meinung, sagt zu allem ja.

... hält Termine nicht ein, arbeitet nicht fristgerecht.

... kommt ständig zu spät, macht aber auf die Sekunde genau Feierabend.

... ist nicht bereit, andere oder zusätzliche Tätigkeiten zu übernehmen.

... ist oft ein bis zwei Tage krank, bevorzugt nach Feiertagen.

... ist unfreundlich am Telefon oder überkorrekt.

... nutzt keine innerbetrieblichen Weiterbildungsmöglichkeiten.

... nimmt nicht an betrieblichen Veranstaltungen teil.

... schottet sich von den Mitarbeitern ab, grenzt sich selbst aus.

30–60 % haben bereits innerlich gekündigt

Verlässliche Erhebungen darüber, wie viele Mitarbeiter in deutschen Behörden und Betrieben die innere Kündigung schon vollzogen haben, gibt es nicht. Expertenmeinungen schwanken in einer großen Breite von 30 bis 60 %, Tendenz steigend. Fest steht, dass die innere Abkehr vom Arbeitsplatz bei Behörden, Banken und Versicherungen häufiger auftritt als in der Industrie oder im Handel. Dabei ist die Zahl der Mitarbeiter auf der unteren Ebene wesentlich höher als jene derer auf der mittleren und höheren Firmenebene. Die Gründe liegen in dem anhaltenden Abbau von Arbeitsplätzen in fast allen Branchen. Dadurch erhöht sich ständig der Leistungsdruck auf die Menschen, die noch Arbeit haben.

Innere Kündigung ist ein langsamer Prozess

Arbeitnehmer gehen selten von heute auf morgen auf Distanz zu ihrem Unternehmen. Die innere Kündigung erfolgt meistens in mehreren Schritten, die sich über Monate oder Jahre hinziehen. Es beginnt stets mit frustrierenden Erfahrungen, denen die Betroffenen hilflos und ohnmächtig gegenüber stehen. Dazu gehört – neben anderen Faktoren wie ungenügend qualifizierte Vorgesetzte, ständige Über- oder Unterforderung und mangelnde Anerkennung der erbrachten Leistungen – vor allem Mobbing. Gelingt es dem Gemobbten nicht, sich hier schon in der Anfangsphase erfolgreich zu wehren, verliert er durch die fortschreitenden gegen ihn gerichteten Schikanen die Arbeitsmotivation. Er beginnt, sich allmählich innerlich von Aufgaben seines Teams oder den Unternehmenszielen zu distanzieren. Er vollzieht einseitig und stillschweigend die innere Kündigung.

Das Burnout-Syndrom

Der Begriff »Burnout« kommt aus der Raumfahrt- und Kerntechnik und meint ursprünglich das Ausbrennen eines Raketentriebwerks bzw. das Durchbrennen der Brennstoffumhüllung von Brennelementen eines Kernreaktors infolge zu geringer Kühlung oder zu hoher Wärmeerzeugung.

Im Arbeitsleben wird »Burnout« als ein Zustand des körperlichen und seelischen Ausgebranntseins beschrieben. Die Betroffenen sind mit ihren Kräften am Ende. Ist das Betriebsklima schlecht, verschließen sie sich gegenüber Kollegen/Vorgesetzten und suchen aus Angst, als »schwach« zu gelten, keine Hilfe.

Die Wurzel allen Übels

Während Vorgesetzte auf der unteren Führungsebene unmittelbar mit der Arbeitsunlust und miesen Stimmung der Mitarbeiter konfrontiert sind, haben die Manager in der Direktionsetage oft den persönlichen Kontakt zur Basis, das heißt zu den Menschen in ihrer Firma, verloren. Sie wissen überhaupt nicht, was »da unten« los ist, und sehen nur Umsatzzahlen, Bilanzen, Betriebsergebnisse. Wenn die nicht stimmen, wird der Druck nach unten verstärkt, gegebenenfalls fusioniert, rationalisiert, entlassen.

Inzwischen geht allerdings der Trend dahin, dass immer mehr Firmen den Wert eines guten Betriebsklimas erkennen. Durch regelmäßige anonyme Befragungen wird die Stimmung unter den

Mitarbeitern erforscht. Danach steht ein positives Betriebsklima auch im direkten Zusammenhang mit der Ausfallzeit wegen Krankheit. Wer sich an seinem Arbeitsplatz wohl fühlt, ist offensichtlich gesünder. Die Unfallhäufigkeit am Arbeitsplatz ist in einem als angenehm empfundenen Klima ebenfalls deutlich geringer. Somit kommt dem positiven Umgang mit Kollegen und Vorgesetzten eine weitaus höherer Bedeutung zu, als bisher angenommen.

Vielen Unternehmern ist jedoch noch immer nicht bewusst, dass das Betriebsklima kein Luxusartikel, sondern wichtiges Betriebskapital ist. Nach Auswertungen entsprechender Studien steigt die Unzufriedenheit an vielen Arbeitsplätzen seit Jahren. Angst um den Job, erhöhter Leistungsdruck, Beförderungssperre oder Streichung außertariflicher Zulagen geben den Beschäftigten das Gefühl, beruflich in eine Sackgasse geraten zu sein. Wer weiterkommen will, scheut oft keine Mittel, um mögliche Konkurrenten auszustechen. Ellenbogen werden rücksichtslos gebraucht, und Intrigen, Missgunst, Rivalität, Neid, Hass unter Kollegen sind an der Tagesordnung. Viele resignieren auch einfach. Sie kündigen innerlich und machen »Dienst nach Vorschrift«. Somit ist das schlechte Betriebsklima die Wurzel allen Übels. Stimmt dagegen das Betriebsklima und ziehen alle an einem Strang, hat Mobbing am Arbeitsplatz keine Chance.

Voraussetzungen für ein gutes Betriebsklima

Was kann der Arbeitgeber tun?

Ein gutes Betriebsklima gedeiht nur in einem guten Arbeitsumfeld. Wirkt sich Führungsschwäche negativ auf das Miteinander im Betrieb aus, liegt das vor allem an der mangelnden Bereitschaft, mit den Mitarbeitern ins Gespräch zu kommen. Vorgesetzte sprechen oft nur dann mit ihren Untergebenen, wenn etwas schief gelaufen ist. Gute Chefs sollten hin und wieder durch den Betrieb gegen, ihren Leuten bei der Arbeit zuschauen und mit ihnen reden. So erfahren sie ganz nebenbei, wie es um das Betriebsklima steht, was den Mitarbeitern »stinkt«, wo sie der Schuh drückt.

Mitarbeiter, die wissen, dass ihre Meinung von Vorgesetzten ernst genommen wird, sind motivierter und erbringen bessere Arbeitsleistungen. Mitsprache trägt so wesentlicher zu einem guten Klima bei.

Es gibt für Arbeitgeber viele weitere Möglichkeiten, ein gutes Betriebsklima zu schaffen. Nicht alle bieten sich in jedem Betrieb an. Hier spielen für die Umsetzung die Firmenstruktur, Firmengröße, Anzahl der Mitarbeiter usw. eine Rolle. Die Entscheidung für oder wider eine Maßnahme muss vor Ort getroffen werden. Als Anregung für die Verbesserung des Klimas durch die Arbeitgeberseite seien folgenden Punkte genannt:

- Regelmäßige Informationen aller Mitarbeiter über derzeitige und künftige Unternehmensziele.
- Eine leistungsorientierte Bezahlung.
- Prämien für herausragende Leistungen.
- Gerechte und geregelte Arbeitsverteilung.
- Einhaltung der Arbeitspausen.
- Ideenboxen (Meckerkästen), in denen Beschwerden, Kritik an Arbeitsabläufen, aber auch positive Anmerkungen hinterlassen werden können.
- Beschwerden von Mitarbeitern ernst nehmen und versuchen, die Gründe abzustellen.

Was kann jeder einzelne Mitarbeiter tun?

Es sind nicht allein Vorgesetzte, die das Betriebsklima beeinflussen. Zu der guten oder miesen Stimmung am Arbeitsplatz trägt jeder bei. In vielen Firmen stimmt zwischen den Kollegen die Kommunikation nicht. Man spricht zu wenig miteinander, stimmt sich nicht ab. So sind es immer dieselben, die Bescheid wissen, und es sind immer dieselben, die Informationen nicht erreichen. Durch das große Schweigen sind Fehler programmiert, und die Unwissenden stehen dann dumm da.

Wenn Sie betroffen sind, schlucken Sie um des lieben Friedens Willen ihren Ärger nicht einfach hinunter. Stellen Sie die »verschwiegenen« Kollegen höflich, aber bestimmt zur Rede (»Warum hast du mir das nicht gesagt?«). Es ist besser, seinem Unmut rechtzeitig Luft zu machen, als Konflikte nur unter den Teppich zu kehren. Nicht bereinigte Konflikte schwelen unerkannt im Verborgenen weiter und können letztlich zu Mobbing führen.

Um das Betriebsklima zu verbessern, bedarf es für den einzelnen Mitarbeiter nicht viel. Im Grunde nur die Bereitschaft, den Kolleginnen und Kollegen die Freundlichkeit und Hilfsbereitschaft entgegenzubringen, die man für sich selbst erwartet. Dazu gehört auch die Gestaltung des persönlichen Arbeitsplatzes, des Schreibtisches oder der Werkbank. Ein überquellender Aschenbecher, Berge von Akten oder herumliegendes, nicht benötigtes Werkzeug sind kein schöner Anblick. Auch Ihr angebissenes Frühstücksbrot von gestern empfinden die Menschen, die sich mit Ihnen den Arbeitsraum teilen müssen, sicher nicht sehr ansprechend. Dumme Wandsprüche oder sexistische Bildschirmschoner, durch die sich andere provoziert fühlen könnten, gehören ebenfalls nicht an Ihren Arbeitsplatz. Dagegen empfinden die meisten eine Grünpflanze oder ein ansprechendes Bild als eine Bereicherung des Arbeitsumfeldes.

Test: Was trage ich persönlich dazu bei?

Wie man in den Wald hineinruft, so schallt es heraus. Das gilt auch und besonders im Arbeitsleben. Trotzdem gibt es in Werkshallen und Büros eine Menge Kolleginnen und Kollegen, die zum Lachen offensichtlich in den Keller gehen. Indes wirkt im Umgang miteinander (nicht nur am Arbeitsplatz) eine nettes Lächeln oder ein freundliches »Bitte« und »Danke« oft Wunder. Aber das ist für Sie natürlich selbstverständlich – oder? Testen Sie sich.

1. Begrüße ich meine Kollegen morgens freundlich? Verabschiede ich mich abends freundlich?
ja ◯ nein ◯

2. Habe ich auch guten Kontakt zu Kollegen in anderen Abteilungen?
ja ◯ nein ◯

3. Erteile ich bereitwillig Rat, wenn mich jüngere oder unerfahrenere Kollegen darum bitten?
ja ◯ nein ◯

4. Sage ich Kollegen offen, was mir nicht passt, anstatt hinter ihrem Rücken über sie herzuziehen?
ja ◯ nein ◯

5. Übernehme ich hin und wieder freiwillig Zusatzaufgaben, wenn der Kollege / die Kollegin schuldlos mit Arbeit überlastet ist und es meine eigene Zeit erlaubt?
ja ◯ nein ◯

6. Sage ich im Umgang mit den Kolleginnen und Kollegen häufig »bitte« und »danke«?
ja ◯ nein ◯

7. Spreche ich regelmäßig mit allen Kollegen und nicht nur immer mit denselben?
ja ◯ nein ◯

8. Versuche ich, neuen Mitarbeitern mit Freundlichkeit und Hilfsbereitschaft die Einarbeitung zu erleichtern?
ja ◯ nein ◯

9. Gebe ich Informationen, die allen Mitarbeitern nützlich sein können, schnell weiter?
ja ◯ nein ◯

10. Trage ich dazu bei, Arbeitsplatz, Korridore, Sozialräume und Toiletten sauber zu halten?
ja ◯ nein ◯

Auswertung
9–10 mal ja: Gratulation, Sie sind ein vorbildlicher »Betriebsklima-Verbesserer«. Mit Ihnen arbeitet jeder gern zusammen.

6–7 mal ja: Sie tun schon viel für ein gutes Betriebsklima. Arbeiten Sie noch ein wenig mehr daran, und bald werden Sie alle 10 Fragen mit ja beantworten können.

4–5 mal ja: Ihnen ist natürlich ein gutes Betriebsklima wichtig. Aber sicher könnten Sie selbst noch das eine oder andere dazu beitragen.

1–3 mal ja: Warum sind Sie an Ihrem Arbeitsplatz nur immer so grantig? Sie werden merken: Wenn Sie ein wenig mehr lächeln und Ihren Kolleginnen und Kollegen freundlich entgegenkommen, werden die es Ihnen gegenüber auch tun. Und schon macht die Arbeit allen mehr Spaß.

Jeder kann zum Mobber werden

Alles hat sich geändert,
nur das menschliche Denken nicht.
(Albert Einstein)

Unsere Ahnen aus grauer Vorzeit konnten in einer feindlichen Umwelt voller Gefahren nur überleben, wenn sie stets kampf- oder fluchtbereit waren. Somit standen sie ständig unter Stress. Sie konnten ihren Stress jedoch körperlich abreagieren, indem sie einem Angreifer den Speer entgegenschleuderten oder vor ihm davonliefen.

Erst mit fortschreitender Zivilisation, als die Menschen sesshaft wurden, Häuser bauten und Siedlungen errichteten, mussten sie lernen, ihre Aggressionen und inneren Ängste zu beherrschen. Nur so konnte und kann eine Gemeinschaft funktionieren. Meinungsverschiedenheiten wurden nicht mehr mit der Streitaxt ausgetragen, sondern vom Ältestenrat des Dorfes geschlichtet. Wer gegen das Urteil protestierte und die Weisheit des Ältestenrates in Frage stellte, wurde aus der Dorfgemeinschaft ausgestoßen. So mag sich schon damals mancher zähneknirschend einem vielleicht ungerechten Urteil gebeugt haben, weil ihm keine andere Wahl blieb.

»Wer schreit, hat schon verloren.« Dieser Satz gehört heute

zum Standardrepertoire eines jeden Verhaltenstrainers. Coolness ist in. Nur wer »cool« (= ruhig, überlegen, kaltschnäuzig) bleibt, gewinnt und kann sich, seine Meinung, sein Produkt erfolgreich durchsetzen. Und so ballt der »Homo modernicus« lieber die Faust in der Tasche, wenn ihm etwas nicht passt. Er schluckt seine Wut hinunter, anstatt zuzuschlagen, loszubrüllen oder wegzulaufen.

Dieses Verhalten mag opportun sein und ist bis zu einer gewissen Grenze sicher notwendig. In einem Wirtschaftsunternehmen, in dem jeder Untergebene jede Anweisung des Chefs – ob sinnvoll oder nicht – in Frage stellt, wird bald nichts mehr funktionieren: Die Firma wäre früher oder später nicht mehr konkurrenzfähig. Die Beschäftigten würden sich also selbst schaden, weil sie mit ihrem unangepassten Verhalten den eigenen Arbeitsplatz vernichteten.

So weit, so gut. Doch mag sich die Welt auch seit Urzeiten stetig verändern – das menschliche Denken ist gleich geblieben. In uns schlummert noch immer das genetische Erbe unserer Ahnen. Jede falsche Entscheidung von oben, der wir uns gegen unseren Willen beugen müssen, empfinden wir als Angriff. Sie weckt in uns Aggressionen. Wir möchten am liebsten »auf den Tisch hauen«, dem Chef mal »ordentlich die Meinung geigen« oder gleich »den ganzen Kram hinschmeißen«. Das wäre natürlich existenzieller Selbstmord, und so schlucken wir unseren Ärger hinunter. Der Frust jedoch bleibt, und bei der nächsten sich bietenden Gelegenheit reagieren wir ihn an einem Kollegen ab. Wehrt dieser sich nicht, besteht die Gefahr, dass er auch beim nächsten Ärger zum Blitzableiter wird. Es sind besonders die Schwachen, die nur erdulden und nicht zurückschlagen, die zum Opfer werden. Oft fühlen sich potenzielle Angreifer durch diese Demutshaltung unbewusst herausgefordert. Jeder sollte sich fragen, ob er vielleicht selbst schon einmal einen Kollegen / eine Kollegin gemobbt hat.

Wer ist besonders mobbinggefährdet?

Zum Mobbingopfer kann jeder werden. Die Gefahr ist jedoch nicht für jeden und nicht an jedem Arbeitsplatz gleich groß. Nach neuesten Erkenntnissen gibt es acht wichtige Faktoren, die die Wahrscheinlichkeit, von Mobbing betroffen zu sein, erhöhen. Gefährdet ist besonders, wer …

… eine Tätigkeit im öffentlichen Dienst ausübt. Bevorzugt wird gemobbt in Verwaltungen, im Gesundheitswesen, in sozialen oder pädagogischen Einrichtungen.

… sich durch ethnische Merkmale von den Kolleginnen und Kollegen unterscheidet. Hier spielen neben vorhandener Fremden-/Ausländerfeindlichkeit oft auch Sprachprobleme eine Rolle (der Gemobbte versteht und spricht nur schlecht Deutsch).

… sich durch soziale Merkmale von Kolleginnen und Kollegen unterscheidet. Potenzielle Opfer passen sich nicht dem Gruppenverhalten ihrer Arbeitsgemeinschaft an. Sie sind verschlossen, nicht kontaktfreudig, nicht teamfähig. Auch das äußere Erscheinungsbild (Kleidung, Haarschnitt, Make-up) spielt eine wichtige Rolle.

… in einem Bereich mit vielen Stressfaktoren arbeitet. Folgen von übermäßigem Stress sind unter anderem Angst, depressive Verstimmung, Nervosität, Gereiztheit gegenüber Kollegen.

… sehr ehrgeizig und leistungsbereit ist. Wer stets Überstunden macht und zusätzliche Aufgaben »noch eben erledigt«, wenn andere schon Feierabend machen oder ins Wochenende gehen, ist unter Kollegen selten beliebt.

… wer Konflikte vermeidet und im Umgang mit Kollegen und Vorgesetzten sehr unsicher ist. Wer sich nicht auseinandersetzen und auch mal energisch »nein« sagen kann, wird schnell zum Abladeplatz für den Frust und die unerledigten Arbeiten der anderen.

… eine neue Arbeitsstelle antritt. Es liegt in der Natur des Menschen, allem Neuen (also auch der neuen Kollegin oder dem neuen Kollegen) mit Distanz, oft sogar Misstrauen, zu begegnen. Nicht selten entscheidet der erste Arbeitstag, ob künftig die »Chemie« zwischen dem Neuen und den alten Mitarbeitern stimmt.

… in einem Unternehmen mit einem allgemein schlechtem Betriebsklima arbeitet.

Was ist guter Nährboden für Mobbing?

Arbeit ist für die persönliche Entwicklung und Lebenszufriedenheit der meisten Menschen sehr wichtig. Es gibt jedoch viele Faktoren, die die positive Auswirkung von Arbeit beeinträchtigen oder gar umkehren. Mobbing ist einer dieser Hauptfaktoren. Es entsteht nicht von selbst und braucht gewisse Voraussetzungen als Nährboden:

- schlechtes Betriebsklima
- Intrigen und Informationsmangel
- Angst um den Arbeitsplatz
- Konkurrenzdruck
- ständige Arbeitsüberlastung
- ständiger Zeitdruck
- übermäßige Kontrolle und Überwachung
- Mängel in der Arbeitsorganisation
- fehlende Aufstiegschancen
- fehlende Entspannung und Erholung
- Über- oder Unterforderung
- Verantwortungsdruck
- unklare Anweisungen von oben und widersprüchliche Aufträge
- mangelnde Anerkennung von Leistung
- Monotonie und Langeweile
- Isolation im Kollegenkreis
- fehlende Identifikationsmöglichkeiten mit den Unternehmenszielen
- Probleme im Familien- und Privatleben

Selten ist nur einer der aufgeführten Gründe Auslöser für Mobbing. In den meisten Fällen kommen mehrere Faktoren zusammen und führen in einen Teufelskreis, aus dem der Gemobbte allein nicht mehr herausfindet.

Die vier Mobbingphasen

Mobbing ist ein sich über Monate und Jahre entwickelnder zermürbender Prozess. Er bricht nie plötzlich über einen Betroffenen herein. Wird dieser Prozess nicht gestoppt, läuft er im Allgemeinen in vier Phasen nach dem immer gleichen Schema ab. Er endet mit dem Ausschluss des Gemobbten aus der betrieblichen Gemeinschaft.

Wenn Sie gemobbt werden, versuchen Sie Ihre eigene Situation einer der nachfolgend aufgezeigten 4 Mobbingphasen zuzuordnen. Folgen Sie den angebotenen Lösungsmöglichkeiten.

Mobbingphase Nr. 1: Ein Konflikt schwelt weiter

Eine Firma ist ein sehr kompliziertes Gebilde. Jeder erfüllt in seinem Arbeitsbereich die ihm zugewiesenen Aufgaben, die seinen eigenen Zielen (mehr Gehalt, Beförderung) und den Zielen der Firma (mehr Umsatz und Gewinn) dienlich sind. Zwar ist sich jeder selbst der Nächste, jeder weiß aber auch, dass der Betrieb nur funktionieren kann, wenn alle miteinander und nicht gegeneinander arbeiten. Trotzdem sind Kompetenzgerangel und unterschiedliche Meinungen nicht zu vermeiden und auch wichtig. Berechtigte Kritik und sachliche Auseinandersetzungen beflügeln im Allgemeinen Kreativität und Leistungswillen. Vorausgesetzt die Parteien sind bereit, Probleme fair und offen anzutragen, Kompromisslösungen zu finden und sich auch daran zu halten.

Problematisch wird es erst, wenn ein Konflikt nicht konstruktiv gelöst wird. Er schwelt weiter und kann schnell zur Brutstätte für Mobbing werden. Dabei ist nicht entscheidend, wie schwer der ungelöste Konflikt ist. Er kann banal, ja lächerlich sein. Da bittet beispielsweise Kollege A. den Kollegen B., er möge endlich seinen überquellenden Papierkorb leeren. B. hat seinen schlechten Tag und reagiert barsch und völlig überzogen mit der Bemerkung, A. möge sich gefälligst um seinen eigenen Dreck kümmern. Nun ist A. beleidigt. Der harmlose Konflikt schaukelt sich rasch hoch, weil keiner bereit ist, einen versöhnlichen Ton anzuschlagen. In den folgenden Tagen bleibt die Stimmung mies. Die Parteien gehen nicht mehr in kollegialer Weise miteinander um. Sie schweigen sich böse an, belauern sich misstrauisch.

Hier treten wir in die 1. Mobbingphase ein. Noch wird nicht gemobbt und die Aussicht, den Konflikt friedlich und endgültig beizulegen, ist groß. Konflikte sind jedoch immer auch Machtkämpfe. Vor allem wenn sie zwischen gleichgestellten Kollegen ausgetragen werden. Man signalisiert dem anderen: »Du hast mir gar nichts zu sagen und ich lasse mir von dir auch nichts sagen.« Um zu verhindern, dass die Situation eskaliert, muss wenigstens einer der Kontrahenten seinen Stolz zurückstellen und auf den anderen zugehen. Das fällt nicht leicht, wenn beide sich im Recht fühlen. Doch es ist allemal besser, über den eigenen Schatten zu springen, als sich auf Monate oder Jahre zermürbenden Mobbingangriffen ausgesetzt zu sehen.

Fazit: Wenn Sie Ihre Mobbingsituation hier wiedererkennen, warten Sie nicht länger ab. Reichen Sie der Gegenseite die Hand zur Versöhnung – auch wenn es schwer fällt. Ein nettes Wort, eine kleine Entschuldigung wirken Wunder und reißen oft mit einem Schlag alle Mauern ein.

Mobbingphase Nr. 2: Der Psychoterror beginnt

Der Übergang von der 1. zur 2. Phase ist schleichend, eine klare Grenze nicht auszumachen. Aus vereinzelten »dummen Bemerkungen« und kleinen Sticheleien werden Gehässigkeiten. Der Angreifer versucht, den Gemobbten mit bösartigem Spott, Beschimpfungen, falschen Behauptungen und ehrenrührigen Gerüchten bei den anderen Kollegen herabzuwürdigen. Sein Ziel ist es, ihn aus der Gemeinschaft am Arbeitsplatz auszugrenzen. Denn je weniger das Opfer auf die Hilfe von Kolleginnen oder Kollegen hoffen kann, umso stärker wird die Position des Mobbers.

Typisch für die 2. Mobbingphase: Der eigentlich Konflikt, in unserem Beispiel der überquellende Papierkorb, tritt in den Hintergrund. Wenn es später zu Befragungen und Ursachenforschung kommt, erinnert sich oft nicht einmal mehr das Opfer daran.

Im weiteren Verlauf der 2. Mobbingphase erreicht der Angreifer sein Etappenziel. Der Betroffene ist zunehmend isoliert und wehrt sich kaum noch oder gar nicht mehr gegen die Mobbingübergriffe. Aus einem bis dahin freundlichen, aufgeschlossenen und leistungsfähigen Mitarbeiter wird ein ängstlicher, mürrischer

Mensch, der sich zurückzieht. Andere Opfer reagieren vielleicht aggressiv und misstrauisch. So stellen sich Mobbingopfer durch ihr Verhalten nun auch selbst ins Abseits. Dazu treten erste psychosomatische Beschwerden auf. Krankmeldungen und Arbeitsfehler häufen sich.

Das alles ist Wasser auf die Mühlen des Mobbers. Er habe doch schon immer gewusst, was der (Gemobbte) für ein fauler, unfähiger Eigenbrötler sei, verkündet er laut – und die Meute klatscht Beifall. Dabei ist es vielleicht erst einige Wochen her, dass das Opfer ein anerkannter Mitarbeiter und Kollege war. Das haben jedoch alle verdrängt. Sie sehen nur noch dieses Häuflein Unglück, das Tag für Tag mit einem miesepetrigen Gesicht an seinem Schreibtisch sitzt, seine Arbeit nicht mehr richtig schafft und sich nach ihrer Ansicht selbst bemitleidet. Am Ende ziehen sich auch unbeteiligte Kollegen zurück. Der oder die Betroffene gehört nicht mehr dazu und taugt nur noch als Sündenbock. Er/sie ist an allem schuld, was in der Abteilung schief läuft – an dem schlechten Betriebsklima sowieso. Viele Kollegen denken (und einige sprechen es schon laut aus): »Am besten, er wäre weg, würde kündigen und aus der Firma verschwinden!«

Fazit: Wenn Sie Ihre Mobbingsituation hier wiedererkennen, ist es bereits fünf Minuten vor zwölf. Sie haben kaum noch die Chance, das Steuer allein herumzureißen und sollten Hilfe suchen. Wenn Sie, wie viele Mobbingbetroffene, das Vertrauen zu Ihren Vorgesetzten bereits verloren haben, können Sie sich an den Betriebs-/Personalrat wenden. Auf keinen Fall dürfen Sie sich weiter nur zurückziehen und stumm leiden.

Mobbingphase Nr. 3: Vorgesetzte schalten sich ein

Von oben wird Mobbing oft lange Zeit stillschweigend geduldet. Vielleicht, weil der Chef das Problem unterschätzt. Oder es ist für ihn einfach bequem, wegzuschauen und auf die Selbstheilungskräfte zu hoffen. Doch spätestens wenn die Arbeitsleistung im Team erkennbar sinkt, wird auch ein bis dato »blinder« Chef plötzlich sehend.

Mobbing kostet nicht nur auf beiden Seiten Zeit und Nerven.

Es beeinträchtigt auch den Arbeitsablauf und damit das Arbeitsergebnis. Der Mobber ist damit beschäftigst, sich immer neue Gemeinheiten auszudenken, wie er das Opfer schikanieren, malträtieren und dessen Arbeit sabotieren kann. Er wendet dafür Energie und Kreativität auf, die er seiner eigentlichen Arbeit entzieht. Das Opfer steht nur noch unter Druck, fragt sich ständig, was wohl als Nächstes passiert. Es kann sich nicht konzentrieren, lebt in Angst, macht Fehler, versagt.

Ein guter Vorgesetzter würde nach den tatsächlichen Gründen für den rapiden Leistungsabfall forschen und sie erkennen. Er würde eine Aussprache herbeiführen und weitere Mobbingaktionen strikt unterbinden. Doch ein führungsstarker Vorgesetzter ließe es gar nicht erst zu, dass es überhaupt so weit kommt. Er hätte schon früher (2. Mobbingphase) eingegriffen. Das hat er nicht getan, und natürlich wählt er auch jetzt den bequemeren Weg. Er präsentiert den eigentlich Unschuldigen als einzig Schuldigen, nämlich das Mobbingopfer. Und wieder klatschen alle Beifall.

Der Gemobbte wird ermahnt, verwarnt, abgemahnt. Er ist längst zu zermürbt, verbittert, körperlich und seelisch angeschlagen, um sich gegen die ungerechten Vorwürfe noch wirkungsvoll wehren zu können. In seiner Not verhält er sich zunehmend falsch und macht noch mehr Fehler. Arztgänge, Fehlzeiten und Krankmeldungen häufen sich. Nach dem direkten Vorgesetzten werden auch der Personalchef und die Firmenleitung auf ihn aufmerksam. Er gilt jetzt allgemein als Problemmitarbeiter, der durch mangelnde Arbeitsleistung und unkooperatives Verhalten den Arbeitsfrieden stört. Bald sind sich alle einig: Der Störenfried muss aus dieser Abteilung weg, damit der Laden endlich wieder rund läuft.

Mit der scheinheiligen Begründung, die gesetzliche Fürsorgepflicht des Arbeitgebers gegen seinen Mitarbeiter zu erfüllen, wird der Betroffene von Abteilung A. nach Abteilung B. versetzt. Für das Opfer ist das jedoch eine denkbar schlechte Lösung. Zwar werden ihm Lohn oder Gehalt nicht gekürzt. Mit den meisten solcher Versetzungen geht jedoch eine demütigende Abwertung des beruflichen Könnens einher. Denn im Allgemeinen liegt die neue Aufgabe deutlich unter den bisherigen Anforderungen. Außerdem eilt dem Abgeschobenen natürlich sein schlechter Ruf wie Donnerhall voraus. Die neuen Kollegen in Abteilung B. sind keineswegs davon begeistert, dass man ihnen diesen »Versager« zuschiebt. So steht er auch hier von Anfang an unter Beschuss. Alles was er tut, wird misstrauisch beobachtet und gewertet. Aber es ist natürlich Unsinn zu glauben, der Betroffene würde, gerade vom Mobbingdruck seiner Ex-Kollegen befreit, jetzt sofort wieder zu früheren Höchstleistungen auflaufen. Er brauchte viel Zeit und Vertrauensvorschuss, um sich zu rehabilitieren und körperlich und seelisch zu regenerieren. Das gesteht ihm jedoch niemand zu. Die Folge: Der Betroffene versagt auch hier und sieht sich schon bald neuen Mobbingangriffen ausgesetzt.

Fazit: Ist Ihre Situation bereits so weit eskaliert, sitzen Sie fest in der Mobbingfalle. Betroffene haben oft völlig resigniert und innerlich gekündigt. Ihre Arbeit erledigen sie ohne Anteilnahme (»Ist doch sowieso alles falsch, was ich mache!«). Dten.as Selbstvertrauen ist zerstört, Sie halten sich inzwischen für einen totalen Versager. Längst beeinträchtigen Mobbing- und Versagensängste auch das Privatleben, und schlimmstenfalls gibt es bereits Suizidvorstellungen.

So weit dürfen Sie es nicht kommen lassen. Gehen Sie zum Betriebsrat, zum Betriebspsychologen oder der Frauenbeauftragten Ihrer Firma. Offenbaren Sie sich, schildern Sie Ihr Martyrium. Diese Menschen sind dazu da, Ihnen zu helfen. Doch man kann Ihnen nur helfen, wenn Sie aus Ihrem Schneckenhaus herauskommen und um Hilfe bitten.

Mobbingphase Nr. 4: Ausschluss aus dem Betrieb

Auch die Versetzung konnte die Probleme mit dem Mitarbeiter nicht bereinigen. Im Gegenteil: Jetzt sinkt die Leistung in der Abteilung B., und die Betriebsleitung sieht sich gezwungen, rigorose Maßnahmen zur Schadensbegrenzung (natürlich im Sinne der Firma) zu ergreifen. Entlassung wäre hier die einfachste und wirkungsvollste Lösung. Da der Mitarbeiter jedoch weder in die Firmenkasse gegriffen noch die Arbeit verweigert hat, verbieten arbeitsrechtliche Schutzbestimmungen eine Kündigung. Stattdessen legt man dem Betroffenen die Selbstkündigung nahe. Seine Entscheidung versucht man mit der Aussicht auf ein gutes Arbeitszeugnis oder eine Abfindung zu beeinflussen.

Viele Opfer sind in dieser Phase so stark angeschlagen, dass sie freiwillig gehen. Sind sie dazu noch nicht bereit, werden sie endgültig auf das Abstellgleis geschoben. Man verbannt sie beispielsweise allein in einen schäbigen Arbeitsraum – ohne Telefon, ohne Computer – und teilt ihnen keine oder sinnlose Aufgaben zu. Das Gehalt wird drastisch gekürzt, der Kontakt zu anderen Mitarbeitern weitgehend unterbunden. Das Opfer ist am Ende seiner »Mobbinglaufbahn« angekommen, und es ist nur eine Frage der Zeit, bis es aufgibt.

Fazit: In der 4. Mobbingphase haben Vorgesetzte und Firmenleitung hinter verschlossen Türen den Entschluss gefasst, den ungeliebten Mitarbeiter loszuwerden – egal wie! Fühlen Sie sich bereits so weit abgeschoben, können Sie nicht mehr darauf hoffen, dass Ihnen in Ihrer Firma noch Gerechtigkeit widerfahren wird. Das gegenseitige Vertrauen ist für immer zerstört. Ein Arbeitsverhältnis nur auf Grund arbeitsrechtlicher Bestimmung aufrechtzuerhalten, ist jetzt nicht mehr sinnvoll. Um Ihrer selbst willen sollten Sie über einen Arbeitsplatzwechsel nachdenken. Eine »Kündigung auf eigenen Wunsch«, dazu ein gutes Arbeitszeugnis bieten Ihnen die Chance, endlich dem Teufelskreis, in dem Sie sich vielleicht schon seit Jahren bewegen, zu entkommen und neu anzufangen. Gleichwohl sollten Sie nichts überstürzen. Es geht schließlich um Ihre berufliche Zukunft und eventuell viel Geld (Abfindung). Mit der Wahrung Ihrer berechtigten Ansprüche können Sie den Betriebsrat und gegebenenfalls einen arbeitsrechtlich versierten Anwalt beauftragen. Die Anwaltskosten übernimmt evtl. die Gewerkschaft, wenn Sie Mitglied sind.

Die unfairen Waffen der Mobber

Der Mobber hasst sein Opfer

Hauptmerkmal für Mobbing ist die Absicht, den Angegriffenen aus der (Arbeits-)Gemeinschaft auszugrenzen. Man will das Opfer letztlich dazu zu bringen, »freiwillig« zu kündigen. Das ist nur durch geplante, immer wiederkehrende Bosheiten möglich. Dem perfiden Erfindungsreichtum der Mobber sind in dieser Beziehung offensichtlich keine Grenzen gesetzt. Der Mobber betrachtet sein Opfer als persönlichen Feind. Damit er ungestört agieren kann, muss er zunächst das Ansehen seiner Zielperson im Kollegenkreis zerstören. Dazu ist ihm jedes Mittel – Lügen, Gerüchte, sonstige Diffamierung – recht. Er weiß, dass er sein Opfer nur fertig machen kann, wenn er Helfershelfer hat. Die müssen nicht einmal aktiv mitmobben. Wichtig ist, dass die Kollegen stillhalten. Sie dürfen dem Gemobbten auf keinen Fall zu Hilfe kommen. Erst wer allein dasteht, ist den unfairen Angriffen der Mobber hilflos ausgeliefert.

Gerüchte

Sie sind plötzlich da, und niemand weiß, wer sie in die Welt gesetzt hat. Gerüchte (hier sind immer negative Gerüchte gemeint) sind Behauptungen, die glaubhaft erscheinen und schnell weitergetragen werden. Aussagen wie »Die Gerüchteküche brodelt« und »Die Gerüchteküche kocht über« bezeichnen treffend, was hier passiert. Jemand wirft – bildlich gesprochen – ein böses Gerücht über einen Kollegen, dem er schaden will, in einen heißen Topf:

- »Der Abteilungsleiter X. soll was mit der 17-jährigen Auszubildenden Y. haben!«

Der Topf mit dem heißen Inhalt wird in der Firma von Mitarbeiter zu Mitarbeiter weitergereicht. Spätestens der dritte Kollege weiß schon nicht mehr, wer den Topf eigentlich in Umlauf gebracht hat. Das heißt, der Urheber des Gerüchts ist nicht mehr auszumachen und kann für die Diskriminierung des Opfers nicht zur Verantwortung gezogen werden. Weil der Topf heiß ist, fasst ihn jeder sehr vorsichtig an. Mit der Einleitung:

- »Ich habe gehört ...« oder »Man sagt ...«,

wäscht er seine Hände in Unschuld und verbrennt sich nicht die Finger. Gleichwohl gibt der eine oder andere noch eigene Zutaten als kräftige Würze in die Gerüchtesuppe und lässt sie so ein wenig mehr brodeln. Schließlich ist der Topf voll und kocht über. Jeder in der Firma weiß jetzt:

- »Abteilungsleiter X. soll die 17-jährige Auszubildende Y. geschwängert haben. Man sagt, er sei für die Firma nicht mehr tragbar. Übrigens sollen ihn seine arme Frau und die Kinder schon verlassen haben.«

Damit hat der Urheber des Gerüchtes sein Ziel erreicht. X. ist diskriminiert. Dabei ist es nach dem Motto »Etwas bleibt immer hängen« unerheblich, dass X. unschuldig ist. Für die meisten Menschen ist es sehr wichtig, wie andere über sie denken. Deshalb können Gerüchte ihr Selbstwertgefühl stark herabsetzen. Das führt oft zu einer überkritischen Selbsteinschätzung, durch die Leistungskraft und auch Gesundheit gemindert werden.

Üble Nachrede

Die üble Nachrede ist nach dem Gerücht die nächste Stufe der Diskriminierung. Sie verbreitet sich genauso schnell, und der Urheber ist nicht mehr identifizierbar. Es heißt jetzt nicht mehr, Herr X. soll die 17-jährige Y. geschwängert haben. Ein Gerücht kann man glauben oder nicht. Die üble Nachrede jedoch behauptet: »Herr X. hat die 17-Jährige geschwängert.« Der Verursacher verbreitet also (angebliche) Tatsachen, denen sich auch skeptische Kollegen nicht verschließen. Somit ist die üble Nachrede weitaus konkreter und aggressiver als ein Gerücht. Entsprechend größer ist der ehrenrührige Schaden, den die üble Nachrede anrichtet. Sie brandmarkt das Opfer und macht es verächtlich.

So wehren Sie sich gegen Gerüchte und üble Nachrede

Juristisch können Sie gegen Gerüchte und üble Nachrede nur vorgehen, wenn Sie den Urheber nennen können. In diesem Fall kann der Tatbestand der üblen Nachrede (§ 186 StGB) oder der vorsätzlichen Verleumdung (§ 187 StGB) erfüllt sein. Dazu müssten Sie sich an einen Anwalt wenden.

Im Allgemeinen kennen Sie den Urheber eines Gerüchts oder

der üblen Nachrede jedoch nicht. Sie wissen oft auch gar nicht genau, was eigentlich über Sie geredet wird. Sie haben nur Andeutungen mitgekriegt oder spüren, dass sich die Stimmung immer mehr gegen Sie wendet. Hier hilft nur die Flucht nach vorn. Wenn diskriminierende Unwahrheiten über Sie verbreitet werden ...

... sprechen Sie zunächst einen Kollegen / eine Kollegin, mit dem/der Sie gut auskommen, direkt darauf an. Fragen Sie ihn/sie, was genau über Sie behauptet wird. Bitten Sie, kein Blatt vor den Mund zu nehmen. Nur wenn Sie Gerücht oder üble Nachrede kennen, können Sie sich dagegen wehren.

... machen Sie diesem Kollegen / dieser Kollegin klar, dass an den Diskriminierungen nichts wahr ist. Wenn Sie erst einen Verbündeten haben, werden weitere bald folgen.

... nutzen Sie Gelegenheiten, Kolleginnen und Kollegen im kleinen Kreis, z.B. im Frühstücksraum, anzusprechen. Fragen Sie offen, wie sie zu den Gerüchten stehen (»... glaubt ihr das wirklich von mir?«).

... schalten Sie Vorgesetzte ein, die Ihren Ruf offiziell wieder geraderücken. Das ist allerdings nur sinnvoll, wenn es um Gerüchte und üble Nachreden geht, die Ihr berufliches Umfeld betreffen. Sagt man Ihnen ungerechterweise Dinge über Ihr Privatleben nach, mischen sich Vorgesetzte nur ungern ein.

Rufmord

Der Rufmord setzt das Ansehen des Betroffenen so weit herab, dass sein guter Ruf auf Dauer beschädigt ist. Durch gezielte Gerüchte, üble Nachreden und vor allem Verleumdungen erfolgt der »tödliche« Angriff gegen das Opfer. Die Behauptungen sind so schwer, dass das Opfer aus seinem sozialen Umfeld herausgebrochen wird. Das bedeutet, die Kollegen verachten ihn, distanzieren sich von ihm. Keiner möchte mehr etwas mit ihm zu tun haben. Der Angegriffene steht völlig allein.

Ein Rufmord kann ein Trauma, eine starke seelische Erschütterung auslösen. Das Mobbingopfer verliert seine Selbstachtung und fühlt sich »wie der letzte Dreck«. Depressionen, berufliches Versagen, Flucht in Drogen (Alkohol) oder Krankheit können die Folge sein. Ab einem bestimmten Stadium sind Betroffene stark suizidgefährdet.

Intrige

Intrigen sind Machenschaften und Kungeleien, bei dem der/die Verursacher im Dunkeln bleiben möchten. Der Mobber zettelt hinter dem Rücken des Gemobbten etwas an, das sich für diesen nachteilig auswirken wird. Somit sind auch Gerüchte, Verleumdung und üble Nachrede Instrumente der Intrige. Eine Intrige will aber mehr. Durch gezielte Lügen wird die Stimmung einzelner oder aller Kollegen gegen das Opfer negativ beeinflusst. Nachfolgend ein simples Beispiel, an dem leicht verständlich zu erkennen ist, wie eine Intrige funktioniert:

Kollegin Meier will Kollegin Krause schaden. Also erzählt Kollegin Meier der Kollegin Lehmann:

- »Die Krause hat behauptet, Sie seien eine fette Kuh!«

Ab sofort spricht Kollegin Lehmann kein Wort mehr mit Kollegin Krause. Am nächsten Tage behauptet die intrigante Kollegin Meier gegenüber dem Kollegen Schulze:

- »Die Meier hat gesagt, Sie seien stinkfaul.«

Ab sofort spricht auch der Kollege Schulze nicht mehr mit der ahnungslosen Kollegin Krause. Spinnt Meier ihr Netz weiter, ist Frau Krause bald völlig isoliert. Die Intrigantin Meier braucht nicht zu befürchten, dass sie als Urheberin der Intrige genannt wird. Da sie die ungeheuerlichen Behauptungen der Krause stets unter dem Siegel der Verschwiegenheit (»... von mir wissen Sie das natürlich nicht!«) weitergab, wird niemand hingehen und Frau Krause zur Rede stellen. Diese wundert sich nur, dass ihr plötzlich jeder aus dem Weg geht.

Schikane

Suchte man für »mobben« ein Synonym, so wäre »schikanieren« sicherlich das treffendste. Schikane ist ein Begriff aus dem Renn- und Pferdesport und bezeichnet hier ein absichtlich auf dem Parcours oder der Rennstrecke aufgebautes Hindernis. Im Berufsleben ist Schikane ein bösartiges, hinterhältiges Mittel, um Arbeit und Leben eines Einzelnen unnötig zu erschweren. Zum Beispiel wird jemandem eine Arbeit zugewiesen, die weit über seinen beruflichen Fähigkeiten liegt. Er gerät sofort unter Druck und macht Fehler. Oder man geht den umgekehrten Weg. Dem Gemobbten wird Arbeit weit unter seinem beruflichen Können zugewiesen. Er fühlt sich erniedrigt, verliert die Lust an der Arbeit und macht ebenfalls Fehler. Zusätzlich sieht sich der Schikanierte verwirrenden Anweisungen, falschen oder widersprüchlichen Informationen ausgesetzt. Ebenso gehen Gerüchte und Verleumdungen oft mit Schikanen einher. Der Betroffene lebt so ständig in einer Stresssituation, die er früher oder später nicht mehr verkraftet.

Es gibt viele Möglichkeiten, einen Mensch an seinem Arbeitsplatz zu schikanieren. Wer nicht selbst betroffen ist, wird sicherlich in seinem Betrieb schon einmal schikanöses Verhalten beobachtet haben.

Das Arbeitsschutzgesetz (siehe Anhang) verlangt vom Arbeitgeber, Maßnahmen zu ergreifen, die Stress und psychosoziale Belastungen am Arbeitsplatz reduzieren. Erst recht, wenn diese nicht durch die Arbeit gerechtfertigt sind. Das bedeutet im Klartext: Der Arbeitgeber ist vom Gesetzgeber gehalten, gegen Schikanen vorzugehen. Soweit möglich muss er den Urheber der Schikanen ausfindig machen und zur Rechenschaft ziehen.

Sabotage

»Sabotage« kommt aus dem Französischen und bedeutet »zerstören, unbrauchbar machen«. Hierin liegt eine Steigerung zur Schikane. Bei der Sabotage geht es nicht mehr darum, zu stören. Wer sabotiert, will die Arbeit des von ihm Angegriffenen zerstören. Als Beispiel bietet sich das willkürliche Löschen einer wichtigen Computerdatei durch den Saboteur an. Der Betroffene sieht so eventuell seine Arbeit von Wochen unwiderruflich vernichtet.

Wird in einem Mobbingkonflikt die Grenze zur Sabotage überschritten, ist für den Gemobbten unter Umständen überhaupt kein sinnvolles Arbeiten mehr möglich.

Belästigung

Belästigung ist ein aggressives, permanent aufdringliches Verhalten. Vor allem sexuelle Belästigung am Arbeitsplatz ist in der letzten Zeit ein zentrales Thema geworden. Wer einen anderen belästigt, will ihn in eine peinliche, erniedrigende Situation bringen. Belästigung funktioniert nur, wenn das Opfer sich dem Angreifer unterlegen fühlt. Es kann sich nicht wehren, verhält sich passiv und ängstlich. Das gibt dem Belästiger das notwendige Überlegenheitsgefühl, aus dem er seine Befriedigung zieht. Beispiel: Eine Auszubildende läuft jedes Mal mit hochrotem Kopf vor den anzüglichen Bemerkungen eines älteren Kollegen davon.

(Lesen Sie dazu bitte auch das Kapitel: Mobbing durch sexuelle Belästigung am Arbeitsplatz.)

Nötigung

Durch Nötigung soll das Opfer gegen seinen Willen zu bestimmten Handlungen gezwungen werden. Einen (milden) Fall von Nötigung kennt jeder aus der Kindheit. Mit dem Satz »Wenn du nicht brav bist, sage ich es Papa« wird das Kind dazu gebracht, sich den Wünschen der Mutter zu fügen. Somit ist Nötigung ein anderes Wort für Erpressung. Nötigung ist nur strafbar, wenn jemand durch Gewalt oder Drohung zu einer gesetzwidrigen oder verwerflichen Handlung gezwungen wird. Eine verwerfliche Handlung wäre zum Beispiel, wenn ein Vorgesetzter eine Untergebene durch die Androhung beruflicher Nachteile zum Geschlechtsverkehr zwingt.

Es gibt jedoch viele Formen von Nötigung, die juristisch nicht zu greifen sind. Gerade auf den Führungsebenen gehören subtile Erpressermethoden wie Einschüchterung, versteckte Androhungen, Kompetenzmissbrauch und andere unfaire Attacken zum Betriebsalltag.

Missbrauch

Es gibt den Straftatbestand des sexuellen Missbrauchs. Er liegt vor, wenn Schutzbefohlene gegen ihren Willen zu sexuellen Handlungen veranlasst werden. Daneben gibt es einmal den strafrechtlich nicht erfassten sozialen Missbrauch. Beispiel: Aus Angst um seinen Arbeitsplatz lässt sich Kollege Z. zu nicht vertraglich vereinbarten oder berufsfremden Arbeiten heranziehen.

Zum Zweiten gibt es den emotionalen Missbrauch. Hier werden der labile psychische Zustand des Opfers, seine Schwächen, Gefühle oder seine Unkenntnis ausgenutzt. Beispiel: Frau A. bekommt ihre Überstunden nicht bezahlt, weil man ihr »eingeredet« hat, sie seien mit ihrem Gehalt pauschal abgegolten.

Fühlen Sie sich an Ihrem Arbeitsplatz sozialem oder emotionalem Missbrauch ausgesetzt, schützt Sie das Arbeitsrecht. Da Missbrauch meistens von Vorgesetzten ausgeht, ist es hier sinnvoll, sich an den Betriebsrat zu wenden (Lesen Sie dazu bitte auch das Kapitel: »Bossing – wenn der Chef mobbt«).

Die neueste Waffe der Mobber: Online-Terror am Arbeitsplatz

Die moderne Kommunikationstechnik hat Mobbern eine neue Möglichkeit erschlossen: anonymer Online-Terror. Sie attackieren ihr Opfer, indem sie Massen an Newslettern an seine E-Mail-Adresse ordern, »nackte« Fotomontagen von Kolleginnen ins Internet stellen oder den Monitor mit einem pornografischen Bildschirmschoner »verzieren«. Eine bei den Tätern beliebte Schikane ist es auch, Online-Bestellungen unter dem Namen des Opfers zu tätigen oder seine Telefonnummer anzugeben. Der/die Geschädigte kann sich anschließend vor Anrufen nicht mehr retten. Doch auch hier können sich Betroffene wehren.

- Wer mit Newslettern und sonstigen »Informationen« zugemüllt wird, sollte einen kühlen Kopf bewahren. Meistens lassen sie sich mit einem Mausklick auf einen entsprechenden Hinweis am Ende des Textes problemlos wieder abbestellen.
- Werden Sie mit Anrufen bombardiert, sollten Sie den Anrufer fragen, woher er seine Informationen hat. Oft genügt auch der

energische Hinweis, dass hier eine Belästigung vorliegt, um die unerwünschten Telefonate zu stoppen.

- Massiver Online-Terror ist ein Fall für die Polizei. Fühlen Sie sich durch E-Mails oder Internet-Veröffentlichungen in Ihrer Würde verletzt, ist es wichtig, die verletzenden Briefe und Webdateien zu archivieren. Spezialisten haben so oft die Möglichkeit, die Spur des Missetäters im Internet zu verfolgen.
- Damit Ihr Computer nicht »verrückt« spielt (z.B. Dateien gelöscht und unerwünschte Bildschirmschoner aktiviert werden), sollten Sie Ihren Computer stets mit einem Passwort vor dem Zugriff durch Fremde schützen. Auch bei einer kurzen Kaffeepause ist es am besten, den PC abzumelden, um so ungewollte Manipulationen zu verhindern.

Drei besonders gefährliche Mobbingfallen – und wie man sie umgeht

Mobbingfalle 1: Sie sind neu in der Firma

Hier sind zwei Ausgangssituationen möglich.

1. Sie sind Berufseinsteiger und treten Ihren ersten neuen Job an. Endlich liegen Ausbildung oder Studium hinter Ihnen und Sie brennen darauf, sich selbst und den neuen Kollegen Ihr Können zu beweisen.

2. Sie sind schon länger in Ihrem Beruf tätig und haben die Firma gewechselt. Sicher haben Sie es auf Grund Ihrer Erfahrung mit Kollegen und Vorgesetzten ein wenig leichter als ein Berufseinsteiger. Gleichwohl machen »alte Hasen« oft die gleichen Fehler, wenn sie neu in einer Firma sind.

Viele überstehen die Probezeit nicht

Üblicherweise beinhaltet jeder neue Arbeitsvertrag eine gewisse Probezeit, die es für den Neuen zu überstehen gilt. Hochmotiviert will er dem Chef und den Kollegen vom ersten Tag an zeigen, was er kann. Er glaubt, dass gute Examens-/Prüfungsnoten oder fachliches Können ausreichen, um anerkannt zu werden. Dabei schießt er nicht selten weit übers Ziel hinaus und tritt von einem Fettnäpfchen ins nächste.

Es ist eine Tatsache, dass die Fluktuation in den ersten Monaten besonders groß ist. Der Grund ist nur selten, dass der neue Mitarbeiter den Anforderungen seines Jobs nicht gewachsen ist. In den weitaus meisten Fällen stimmt die soziale Komponente nicht. Der Neue kommt mit dem Chef, den Kollegen oder grundsätzlich mit dem von ihm als mies empfundenen Betriebsklima nicht klar.

Die Schuld liegt sicherlich auf beiden Seiten. Dem Neuling wird alles Mögliche erklärt. Er wird in seinen Job eingewiesen, bekommt sein Passwort für den Computer, und man händigt ihm die Essensmarken für die Kantine aus. Nur die heimlichen Spielregeln, die es in jeder Firma gibt, erklärt ihm niemand.

Wenn Sie neu in der Firma sind, denken Sie daran: Keiner wird Sie vor dem Kollegen warnen, dem es schon immer Spaß machte, jeden Neuling hereinzulegen. Niemand erzählt Ihnen, dass die Kollegin am Schreibtisch gegenüber etwas mit dem Abteilungsleiter hat. Sie wird dem Chef jedes falsche Wort von Ihnen brühwarm zuflüstern. Natürlich finden Sie auf Ihrem Schreibtisch auch keinen Bericht über all die kleinen Intrigen und Eifersüchteleien, die es in jedem Betrieb hinter den Kulissen gibt. Und so scheitern Neuanfänger sehr oft einfach daran, dass sie die Kräfteverhältnisse falsch einschätzen. Der nachfolgende Fall ist dafür ein Beispiel.

Der Fall Peter S. (32)

Der gelernte Bürokaufmann wechselt wegen besserer Karrierechancen von seiner alten Firma in den Technischen Kundendienst eines Großversandhauses. Alfons F. (61), langjähriger Leiter der Filiale, hatte Peter S. persönlich unter 16 Bewerbern ausgesucht und der Personalstelle als seinen künftigen Nachfolger vorgeschlagen. F. hatte diese Kundendienstfiliale aus kleinsten Anfängen aufgebaut und leitet sie seit 30 Jahren. In zwei Jahren will er in den Ruhestand gehen. S. soll dann seinen Posten übernehmen. Neben seinen Aufgaben als Stellvertreter ist S. für Lagerverwaltung, Koordination und Kundenbetreuung zuständig. Zusätzlich beruft der Chef seinen künftigen Nachfolger zum betrieblichen Sicherheitsbeauftragten.

Hochmotiviert nimmt Peter S. seine Arbeit auf. Schon in der ersten Arbeitswoche versucht der neue stellvertretende Kundendienstleiter, die bis dahin üblichen Fahrtrouten für den Außendienst zu ändern. Das bringt ihm den Protest der Techniker ein. Peter S. beweist dem Chef, dass die neuen Routen Kilometer und somit Geld einsparen, und setzt sich durch. Damit hat er es nach wenigen Tagen geschafft, den gesamten Außendienst gegen sich aufzubringen. Da der bisher allseits beliebte Chef sich jedoch offen auf die Seite seines künftigen Nachfolgers stellt, beruhigt sich die Stimmung wieder.

S. ist stolz auf seinen Sieg. Völlig übermotiviert setzt er (zum Teil wieder gegen den Willen der Mitarbeiter) weitere Neuerungen im Arbeitsablauf durch. Zusätzlich fahndet er fast manisch in den Betriebsräumen nach Sicherheitsmängeln. Oft genug wird er fündig und besteht auf sofortiger Abhilfe. Dabei entgeht ihm, dass selbst der Chef, sein bisheriger Protektor, oft unwillig auf seine Vorschläge reagiert. Ablehnen kann der Filialleiter sie nicht, da sie wirkliche Verbesserungen mit sich bringen. Peter S. erkennt jedoch nicht, dass der Chef zunehmend sein Gesicht vor den Mitarbeitern verliert. Schließlich hätte er selbst all die Fehler in den vergangenen Jahren längst abstellen müssen. Der Laden lief bisher jedoch auch so gut. Jetzt fragen sich die Mitarbeiter, ob »der Alte« überhaupt noch was zu sagen hat.

S. liegen solche Überlegungen fern. Ihm fehlt jegliches Gespür dafür, wie sich die Stimmung gegen ihn immer mehr verschlechtert. Und dann begeht er einen unverzeihlichen Fehler, der ihm das Genick bricht.

Peter S. macht den Chef unbeabsichtigt zum Gespött der Mitarbeiter. Er nimmt den 3-wöchigen Jahresurlaub des Chefs zum Anlass, die Lagerhaltung nach seinen Vorstellungen völlig umzukrempeln. Als Alfons F. aus dem Urlaub zurückkehrt, trifft ihn fast der Schlag. Die Mitarbeiter haben seine Reaktion vorausgesehen und feixen offen. Es kommt zu einem Gespräch unter vier Augen, in dem Alfons F. seinen Stellvertreter zusammenstaucht. Doch anstatt klein beizugeben, wehrt sich S. In einer brillanten

Analyse beweist er die Vorteile der neuen Lagerhaltung. Vor allem beweist er jedoch seinem Chef einmal mehr dessen Unfähigkeit. Alfons F. selbst hatte Peter F. aus der Bewerberschar als seinen Stellvertreter aufs Podest gehoben. Nun will das Ei jedoch ständig klüger sein als die Henne – das Fass läuft über.

In der nächsten Zeit ändert sich die Situation für Peter S. dramatisch. Von heute auf morgen überträgt der Chef einem anderen Mitarbeiter den Posten des Sicherheitsbeauftragten. Seine Begründung: »Damit Sie sich besser Ihren eigentlichen Aufgaben widmen können, Herr S.« Doch diese Aufgaben werden immer weniger. Nach und nach reißt Alfons F. alle Kompetenzen wieder an sich, die er im Laufe der letzten Monate an S. delegiert hatte. Peter S. sieht sich plötzlich abserviert. Als ein Disponent wegen einer längeren Krankheit ausfällt, »degradiert« ihn Alfons F. zum Telefonisten. Wochenlang nimmt S. nur telefonische Reparaturaufträge entgegen.

Nun mobben auch die Kollegen. Spätestens jetzt merkt in der Kundendienstfiliale auch der letzte Mitarbeiter, dass sich der Wind gedreht hat. Der Chef hat das Zepter wieder selbst in die Hand genommen, und S. steht ohne Rückendeckung da. Vor allem bei den Außendiensttechnikern hat sich Peter S. von Anfang an höchst unbeliebt gemacht. Nun bekommt er die Quittung. Von ihm telefonisch angenommene Reparaturaufträge verschwinden. Falsch gelagerte Ersatzteile werden erst nach langem Suchen gefunden. Von S. in den Computer eingegebene Namen und Dateien sind gelöscht. Schon bald begreift er, was da gegen ihn läuft. Er beschwert sich heftig bei seinem Chef. Der hat ihn längst zum Abschuss freigegeben und fordert Beweise. Die kann S. nicht vorlegen.

Elf Monate nach seinem ersten Arbeitstag wirft Peter S. das Handtuch und kündigt. Fast ein Jahr ist er arbeitslos und leidet zeitweise unter Depressionen. Erst dann findet er einen neuen Job, der seiner fachlichen Qualifikation entspricht und Aufstiegsmöglichkeiten bietet. Peter S. hat aus seinen Fehlern gelernt und wird wahrscheinlich seinen neuen beruflichen Weg erfolgreicher weitergehen.

Analyse: Was hat Peter S. falsch gemacht?

Der Fall ist typisch. Sowohl Berufsneulinge als auch Arbeitnehmer, die ihre Firma gewechselt haben, erleben oft das gleiche Desaster. Nachfolgend die Fehler von Peter S. – und was besser gewesen wäre.

- Vom ersten Tag an demonstrierte S. dem Chef und den Mitarbeitern sein überlegenes Fachwissen. Seine überhebliche, besserwisserische Art stört das bisher gute Betriebsklima.
  Besser wäre es gewesen, er hätte erst einmal die in vielen Jahren gewachsene Betriebsstruktur analysiert. Selbst offensichtliche Schlamperei berechtigt einen Neuling nicht, sich wie ein Elefant im Porzellanladen zu bewegen.
- Mit seiner ersten Innovation bringt S. den gesamten Außendienst gegen sich auf.
  Besser wäre es gewesen, die Änderung der Fahrtrouten mit den Technikern abzusprechen, zunächst ihre Meinung zu hören.
- Dadurch, dass er ständig (zweifellos vorhandene) Missstände aufdeckt und Verbesserungsvorschläge unterbreitet, signalisiert er unbewusst dem alternden Chef dessen Unfähigkeit, diese Probleme selbst zu erkennen und zu lösen.
  Besser wäre hier mehr Fingerspitzengefühl gewesen. Es ist gewiss kein Fehler, notwendige Verbesserungen anzuregen. Aber mit seiner brillanten Argumentation ließ Peter S. dem Chef keine andere Wahl, als vorgeschlagenen Änderungen zuzustimmen. Vorgesetzte mögen es jedoch nicht, wenn man sie so in die Enge treibt.
- Die Umgestaltung der Lagerhaltung war ein klarer Affront. Wer eine so einschneidende betriebliche Änderungen ohne Wissen und in Abwesenheit des Chefs vornimmt, verspielt sein Wohlwollen.
  Besser wäre es gewesen, die große Maßnahme zunächst unter vier Augen anzuregen. So fühlte der Chef sich von Peter S. düpiert und stand vor seinen Untergeben als Trottel da.

Darauf sollten Sie achten, wenn Sie neu in der Firma sind

Falls es nicht automatisch geschieht, bestehen Sie darauf, dass man Sie gründlich einweist. Das gilt nicht nur für Ihr neues Arbeitsgebiet, sondern für die ganze Firma. Bitten Sie darum, dass man Sie herumführt, Ihnen Wege, Kantine, Gemeinschaftsräume zeigt. So bekommen Sie ein »Feeling« für Ihre Firma und werden sich in der neuen Umgebung schneller wohl fühlen.

- In den ersten Wochen sollte Ihnen jederzeit ein Ansprechpartner zur Verfügung stehen. Er hilft Ihnen bei allen auftauchenden Problemen und beantwortet Ihre Fragen.
- Rom wurde nicht an einem Tag erbaut. Sie müssen also nicht gleich jedem beweisen, was Sie können. Halten Sie sich ein wenig zurück. Beobachten Sie, wie Kolleginnen und Kollegen ihre Arbeit machen. Sensibilisieren Sie sich selbst. Versuchen Sie, die Stimmung und den allgemeinen Umgangston im Betrieb zu erfassen.
- Beachten Sie die heimlichen Spielregeln. Das, was in Ihrer neuen Firma üblich ist und was nicht. Dazu gehört auch, dass Sie möglichst rasch die hierarchische Ordnung durchschauen. Die gibt es nicht nur zwischen Vorgesetzten und Untergebenen, sondern auch unter gleichgestellten Kollegen. Manchmal spiegelt sich in ihr die Dauer der Firmenzugehörigkeit oder das anerkannt bessere Fachwissen wider. Finden Sie diese Spielregeln heraus. – Es ist wichtig, damit Sie nicht ins Fettnäpfchen treten.
- Suchen Sie das Gespräch mit Ihren Kollegen und Kolleginnen. Aber verbrüdern Sie sich nicht. Lernen Sie die Namen Ihrer Kollegen und sprechen Sie sie richtig an. Es ist erstens beruhigender für Sie, wenn Sie die Leute mit Namen kennen. Dann sind Sie nämlich nicht mehr fremd. Zweitens wird jeder gern mit seinem Namen angesprochen. Erzählen Sie nicht zu viel von sich, schon gar nicht von Ihren privaten Problemen. Seien Sie freundlich und zuvorkommend. Bewahren Sie jedoch die nötige Distanz, bis Sie wissen, wer an welchen Fäden zieht.
- Als Neue/Neuer sind Sie noch nicht betriebsblind. Sie sehen an Ihrem Arbeitsplatz Mängel, die ältere Mitarbeiter vielleicht nicht mehr sehen (oder nicht mehr sehen wollen). Nehmen Sie trotzdem nicht gleich am ersten Tag den Kampf gegen alte

Missstände auf. Wenn Sie sich eingearbeitet haben und wissen, wie und woher der Wind weht, ist dazu noch früh genug Gelegenheit.

Fazit: Wenn Sie neu in der Firma sind, erledigen Sie Ihre Arbeit gut. Versuchen Sie jedoch nicht ständig mit Ihrem Fachwissen zu glänzen. Sperren Sie Augen und Ohren auf. Hören Sie Vorgesetzten und Kollegen zu, nehmen Sie Ratschläge an. Der Ton macht die Musik. Berechtigte Kritik, richtig vorgebracht, ist erlaubt. Besserwisserei nicht.

Mobbingfalle 2: Alt und Jung – Jung und Alt

Alt und Jung verstehen sich nicht – ein Vorurteil? Ja und nein! Arbeitspsychologen sind sich heute wieder zunehmend darin einig, dass ein altersmäßig gemischtes Team die beste Voraussetzung für gute Zusammenarbeit und bessere Leistung ist. Vor einigen Jahren war das noch anders. Überwiegend junge Leute waren gesucht. Junge Mitarbeiter sind innovativer, spontaner, risikofreudiger und bestens ausgebildet. Das alles ist richtig. Ältere Arbeitnehmer haben jedoch ein paar dicke Pfunde, mit denen sie wuchern können:

- Sie haben Berufserfahrung, die auf keiner Schule oder Universität gelehrt wird.
- Sie stehen treu zu ihrer Firma, vermeiden typische Anfängerfehler und arbeiten vorausschauender.
- Sie kennen ihren Betrieb, die Arbeitsabläufe und die Wünsche der Kunden genau.
- Durch über Jahre aufgebaute Kontakte sparen sie Zeit und Dienstwege. Oft genügt ihnen ein kurzer Anruf, wo der junge Kollege langwierige Anträge stellen müsste.

Somit ergänzen sich in einem altersmäßig homogenen Team Alt und Jung im Allgemeinen wunderbar. Probleme gibt es jedoch oft, wenn ein »Alter« mit lauter »Jungen« zusammenarbeitet oder umgekehrt. Dazu je ein Beispiel.

Der Fall Reni G. (52)

Nach vielen Jahren kehrt die gelernte Sekretärin in ihren Beruf zurück. Ein mit ihrem Mann befreundeter Bauunternehmer hatte ihr einen Job in seinem Verwaltungsbüro angeboten. Für sie sicherlich ein Glücksfall. Was Frau G. nicht bedacht hatte: von ihren vier Kolleginnen ist keine älter als 25 Jahre. Die jungen Frauen leben in einer anderen Welt als Reni G., und die gemeinsamen Gesprächsthemen gehen bald aus. Frau G. nerven die Albernheiten und »blöden« Witze der anderen. In den Arbeitspausen sondert sie sich ab. Zum Beispiel geht sie mittags lieber allein spazieren. Die Jüngeren reagieren auf die Distanzierung mit typischen Mobbingattacken. Gespräche verstummen, wenn Frau G. den Raum betritt. Informationen werden ihr vorenthalten. Niemand redet mehr mit ihr, und wenn, dann bekommt sie falsche Auskünfte.

Frau G. spricht ihre Kolleginnen auf ihr Verhalten an. Aber keine ist bereit, mit ihr darüber zu reden. Die Situation verschärft sich noch. Frau G. wendet sich schließlich an den Chef, und der tut das einzig Richtige. Er setzt sich mit allen Mitarbeiterinnen an einen Tisch und es kommt zur Aussprache. Dabei wird beiden Seiten bewusst, dass sie im Grunde ein Generationsproblem haben. Reni G. begreift darüber hinaus, dass sie durch ihre selbst gewählte Isolation und Intoleranz gegenüber den jungen Kolleginnen ihre Mobbingsituation provoziert hat. Danach bessert sich das Büroklima.

Der Fall Verena U. (23)

Hochmotiviert tritt Verena U. ihren ersten Redakteursjob in der Bildredaktion einer Tageszeitung an. Doch ihre Euphorie bekommt bald einen Dämpfer. Von Anfang an ist ihr Verhältnis zu der dienstältesten Kollegin Birgit A. (56) aus für sie unerfindlichen Gründen gestört. Auch mit den beiden anderen in der Bildredaktion tätigen Damen (36 und 41 Jahre alt) wird Verena nicht so recht warm. Statt ihre journalistischen Fähigkeiten zeigen zu dürfen, steht sie meistens am Kopierer, muss Kaffee kochen oder Botengänge machen. Birgit A. traut der jungen Kollegin offensichtlich nichts zu. Bekommt Verena doch einmal Aufgaben, sind es stupide Routinearbeiten oder sie wird von Birgit A. ständig kontrolliert.

Nach drei frustrierenden Monaten beklagt sich Verena beim Ressortchef. Es kommt zu einem Gruppengespräch. Darin gibt Birgit A. zu erkennen, dass sie sich in ihrem hektischen, vom aktuellen Tagesgeschehen bestimmten Job überfordert gefühlt habe, die junge Kollegin vernünftig einzuarbeiten. Gleichzeitig habe sie Angst gehabt, die Neue könne Fehler machen, die ihr angelastet würden. Nach der Aussprach fand man eine für alle befriedigende Lösung.

So kommen Sie mit Jung und Sie mit Alt gut aus

Wenn Sie älter sind ...

... geben Sie den Jungen die Chance, ihr erworbenes Wissen in die Praxis umzusetzen. Fördern Sie innovative Ideen junger Kollegen und Kolleginnen zum Wohle der Firma. Blocken Sie Verbesserungsvorschläge nicht ab.

... vermeiden Sie unbedingt die Phrasen: »Das haben wir schon immer so gemacht«, »Das ist in dieser Firma nicht üblich« oder »Ich bin schließlich schon zehn Jahre länger im Betrieb.«

... lassen Sie die unerfahrenen Jungen nicht ins offene Messer laufen. Geben Sie Ihr Wissen, Ihre große Berufserfahrung bereitwillig weiter.

... vertrauen Sie. Kontrollieren Sie die Arbeit der Jüngeren nicht ständig. Seien Sie aber stets offen für Fragen.

... akzeptieren Sie, dass jüngere Kollegen ein anderes Weltbild, andere Interessen und Prioritäten haben. Sie waren auch mal jung – erinnern Sie sich?

... kümmern Sie sich um Ihre Fortbildung und nehmen Sie entsprechende Angebote Ihrer Firma wahr. So können Sie auch in Zukunft mit den Jüngeren beruflich mithalten.

Wenn Sie jünger sind ...

... zügeln Sie Ihren Tatendrang. Sprechen Sie Aufgaben und

Kompetenzen mit dem/den älteren Kollegen ab. So kommen Sie niemandem ins Gehege.

... hören Sie zu, wenn ältere Kollegen etwas zu sagen haben. Bitten Sie bei auftretenden Problemen um Rat. Jahrelange praktische Berufserfahrung ist durch nichts zu ersetzen.

... werden Sie vielleicht feststellen, dass Sie fachlich auf einem neueren Stand sind als Ihre älteren Kollegen. Das sollte kein Grund für Überheblichkeit sein. Suchen Sie das Gespräch, tauschen Sie sich aus. Wissen und Erfahrung sind ein gutes Team.

... akzeptieren Sie, dass ältere Kollegen ein anderes Weltbild, andere Interessen und Prioritäten haben. Sie werden auch älter – ganz bestimmt!

... tratschen Sie nicht über ältere Kollegen. Wenn Ihnen etwas nicht passt, suchen Sie lieber das offene Gespräch. Auch berechtigte Kritik ist erlaubt. Lassen Sie es dabei aber nicht an Respekt mangeln.

Akzeptieren Sie, dass ältere Kollegen manchmal länger brauchen, um eine Aufgabe zu erledigen. Ihr Arbeitstempo ist nicht das Maß aller Dinge.

Akzeptieren Sie, wenn erfahrene Kollegen von Ihrem Innovationsdrang nicht gleich hellauf begeistert sind. In ihrem langen Berufsleben hat sich manche tolle Idee als Seifenblase entpuppt. Das macht sie skeptisch. (Gleichwohl sollten Sie nicht aufgeben, wenn Ihre Idee wirklich gut ist.)

Mobbingfalle 3: Minderheiten – wenn Sie anders sind

Grundsätzlich ist zu sagen, dass auch Mobbing gegen Minderheiten eines Auslösers bedarf. Hauptursache ist sicherlich die bei vielen zunehmende Angst um den Arbeitsplatz. Der Homo sapiens ist seit Urzeiten auf »Überleben« programmiert. Sieht er sich bedroht, beißt er jeden Konkurrenten weg, der schwächer ist. Wer nicht nur schwach ist, sondern dazu in seinem Aussehen oder Verhalten nicht der gängigen Norm entspricht, hat es am Arbeitsplatz besonders schwer.

Bei ausländischen Mitarbeitern sind oft die fremde Sprache und/oder mangelnde Deutschkenntnisse Auslöser für Mobbing.

Auch der stark ausgeprägter Dialekt (z. B. Bayrisch, Sächsisch) eines Einzelnen kann in Konfliktsituationen zum Angriffsziel für Mobber werden. Umgekehrt hat es jemand, der inmitten einer mundartlich geprägten Kommunikation im Kollegenkreis als Einziger Hochdeutsch spricht, oft ebenfalls schwer. Opfer werden auch wegen ihrer religiösen oder politischen Einstellung an die Wand gedrängt. Oder sie werden wegen ihrer tatsächlichen oder nur unterstellten sexuellen Neigungen (Homosexualität) stigmatisiert. Weiterhin können zur Ausgrenzung führen:

- Hautfarbe, Gestalt, Gesichtsform, eine Haarfarbe, die »fremd« erscheint
- Behinderungen wie z.B. Hinken, im Rollstuhl sitzen, sehbehindert, hörbehindert, sprachbehindert (stottern) sein, zittern
- Krankheiten wie z.B. Akne, Schuppenflechte, Hautausschlag, HIV/Aids
- Körpergröße/Körpergewicht, z.B. übermäßig groß oder klein, sehr fettleibig oder knochendürr
- Rauchen oder nicht rauchen

Noch einmal angemerkt: Nicht jede Person wird automatisch zum Gemobbten, wenn sie eines der genannten Merkmale (die Liste erhebt keinen Anspruch auf Vollständigkeit) aufweist. Erst die Arbeitsbedingungen in der Gruppe und die Bereitschaft eines Einzelnen oder mehrerer zu Mobbinghandlungen setzen den Prozess der Ausgrenzung und Abwertung in Gang.

Warum werden bevorzugt Minderheiten gemobbt?

Die Zugehörigkeit zu einer Gruppe und der Zusammenhalt in der Gruppe ist für das Selbstwertgefühl eines jeden Menschen sehr wichtig ist. Sozialpsychologen sprechen von »Prinzipien des Miteinanders«. Auch eine Kollegengemeinschaft unterliegt diesem Prinzip. Abweichende Meinungen und Haltungen werden von der Gruppe nur in engen Grenzen toleriert. Überschreitet einer die Grenze und verstößt gegen die Gruppennorm, wird er über kurz oder lang zur Zielscheibe für die anderen. Beispiel: Ein »trockener« Alkoholiker wird zum Mobbingopfer, weil er sich von üblichen Betriebsfeiern und Umtrünken fern hält.

Ein weiteres Gruppenprinzip ist das Vorhandensein einer eindeutigen Hackordnung. Jeder Kollege kennt seinen Platz in einer ungeschriebenen Rangordnung. Ganz oben steht der psychisch Stärkste. Ihn fragt man um Rat, sein Wort hat Gewicht. Er besitzt auch den Einfluss, Aggressionen und Mobbingattacken zu lenken oder zu unterbinden – wenn er denn will. Ganz unten in der Hierarchie steht der Schwächste. Für diese Rolle eignet sich am besten, wer sich durch sein Anderssein (siehe oben) am deutlichsten von der Mehrheit der Gruppe unterscheidet.

Der Schwächste erfüllt eine wichtige Aufgabe. Die Gruppe braucht ihn in schweren Zeiten als Sündenbock. Auf ihn richten sich alle Blicke, wenn etwas schief gelaufen ist. Das fördert den Zusammenhalt der Übrigen und lenkt von eigenen Fehlern ab.

Fühlt sich eine Gruppe bedroht (z.B. durch Rationalisierungsmaßnahmen oder Entlassungsgerüchte), geht die Angst um. Je größer die Angst, umso unerbittlicher mobbt die Gruppe den, der »anders« ist. So hat Professor Leymann in seinen Untersuchungen beobachtet, dass Behinderte fünf Mal häufiger von Mobbing betroffen sind als nicht behinderte Kollegen und Kolleginnen.

So wehren Sie sich, wenn Sie anders sind

Wenn Sie in Ihrem Team gemobbt werden, weil Sie anders sind ...

... zeigen Sie Selbstbewusstsein. Es liegt nicht daran, dass mit Ihnen etwas nicht stimmt. Mit Ihren mobbenden Kollegen und dem Betriebsklima stimmt etwas nicht.

... lassen Sie sich nicht zum Blitzableiter und Sündenbock machen. Ziehen Sie klare Grenzen: bis hierher und nicht weiter.

... achten Sie darauf, wie Ihr Vorgesetzter sich verhält. Ist er bemüht zu vermitteln und Sie im Team zu integrieren? Oder schaut er weg und ignoriert die Mobbingattacken gegen Sie?

... verlangen Sie, dass Ihr Vorgesetzter eingreift und Sie unterstützt. Dazu ist er verpflichtet (siehe Anhang / § 84 Betriebsverfassungsgesetz).

... wenden Sie sich gegebenenfalls an nächsthöhere Vorgesetzte und/oder die Personalvertretung.

Bossing – wenn der Chef mobbt

Den Charakter eines Menschen
erkennt man erst dann,
wenn man ihn als Vorgesetzten hat.
(Erich Maria Remarque)

Was ist Bossing?

Bossing ist ein aus dem Englischen entlehnter Ausdruck für Mobbing von oben nach unten. Das Wort bezeichnet unfaire, systematische Attacken, die vom »Boss« gegen einen oder mehrere Untergebene geführt werden. Wie in allen Fällen von Mobbing ist das Ziel entscheidend: Der Vorgesetzte setzt den abhängig beschäftigten Mitarbeiter über eine längere Zeit unter Druck, um Anpassung und Unterwürfigkeit zu erreichen oder den Mitarbeiter aus seiner Stelle zu verdrängen.

So funktioniert Bosssing: Der Fall Peter D.

Peter D. (56) arbeitet seit langem in der Verwaltung eines großen Autohauses mit mehreren Verkaufsniederlassungen. Schwierigkeiten bekommt er erst, als der Seniorchef sich aus dem Geschäft zurückzieht und seinem Sohn die alleinige Leitung überträgt. Schon früher war es zwischen dem langjährigen Angestellten und dem Juniorchef hin und wieder zu heftigen Meinungsverschiedenheiten gekommen. Da Peter D. jedoch einen guten Draht zum Seniorchef hatte, brauchte er damals keine Sanktionen durch den Junior zu befürchten.

Jetzt sieht die Sache anders aus.

Vom ersten Tag der Übernahme an bekommt Peter die Macht des neuen jungen Firmenchefs zu spüren. Ständig wird er hart kritisiert, zurechtgewiesen und auf angebliche Fehler angesprochen. Als er es nicht schafft, sich innerhalb kürzester Zeit in ein neues computergestütztes Tabellen- und Kalkulationsprogramm einzuarbeiten, teilt der Chef ihm knallhart mit, dass er »unfähig, nicht mehr belastbar, zu alt für den Job« sei. Er stellt eine neue Mitarbeiterin mit entsprechenden Kenntnissen ein, die Peters Arbeitsplatz übernimmt.

Der Firmeninhaber weiß jedoch, dass er dem langjährigen Mitarbeiter nicht einfach kündigen kann. Um Rechtsstreitigkeiten vor dem Arbeitsgericht aus dem Weg zu gehen, bietet er Peter D. an, im Büro einer Niederlassung zu arbeiten. Da die Versetzung nicht mit einer Gehaltskürzung verbunden ist, nimmt Peter das Angebot an. Im Grunde ist er froh über diese Lösung, denn das »Bossing« des Chefs hat bei ihm bereits psychosomatische Beschwerden (Migräneanfälle, Magenbeschwerden) ausgelöst. Er unterschreibt ein entsprechendes Papier, in dem er bestätigt, dass die Versetzung in die Firmenfiliale auf eigenen Wunsch erfolgt.

Zwei Monate, nachdem Peter D. auf seinen neuen Arbeitsplatz in die Filiale gewechselt hat, teilt ihm die Firmenleitung in einem Brief mit, dass die Niederlassung aus betriebswirtschaftlichen Gründen demnächst geschlossen wird. Bald darauf sitzt Peter D., mit einer lächerlich kleinen Abfindung versehen, auf der Straße. Die Möglichkeit, in seinem Alter noch eine neue Anstellung zu finden, ist gleich Null.

Warum »bossen« Chefs?

Eigentlich wurden sie ausgewählt, um zu führen, zu lenken und dafür zu sorgen, dass der Laden, sprich die Firma, läuft. Vorgesetzte sollten somit stets kompetent und objektiv sein. Sind sie es auch? Nein, denn sie sind Menschen wie du und ich, und Menschen sind nun einmal fehlbar. Somit geht es bei »Bossing« nicht um gelegentliche falsche Entscheidungen oder Ungerechtigkeiten.

Gefährlich wird es erst, wenn der Vorgesetzte immer wieder gezielt unliebsame Mitarbeiter schikaniert. Die Gründe sind häufig Führungsschwäche, Druck von oben und die Angst, vorgegebene Ziele nicht zu erreichen. Oft leben mobbende Vorgesetzte auch ihr übersteigertes Machtgefühl oder einfach ihre schlechte Laune aus. Übrigens behaupten Psychologen: »Unbeliebte Chefs waren ungeliebte Kinder.« Auch das ist eine Erklärung. Wer in der Kindheit nicht genügend Liebe und Anerkennung erfahren hat, ist später oft innerlich unsicher.

Nichts vergiftet ein Betriebsklima so sehr wie Mobbing aus der Chefetage. Aus seiner starken Position heraus hat der Vorgesetzte alle Möglichkeiten, einen unliebsamen Mitarbeiter zu schikanieren. Er kann ihm die Arbeit zuschustern, die kein anderer gern erledigt. Oder er kann ihm Privilegien entziehen: die eigene Telefonleitung ins öffentliche Netz sperren; nur begrenzten Zugriff auf Computerdateien gewähren; eine eigene E-Mail-Adresse und den Internetzugang verweigern. Der Chef kann den Betroffenen auch jederzeit aus nichtigen Gründen vor versammelter Mannschaft abkanzeln. Und wenn er sich nicht selbst die Hände schmutzig machen will, gibt er sein Opfer zum Abschuss frei und signalisiert der ganzen Abteilung: »Ich will diesen Mitarbeiter loswerden, ihr dürft ihn rausekeln.« In einer solchen Firma finden sich immer Kollegen oder eine ganze Meute, die diesen unausgesprochenen Auftrag ausführen.

So wehren Sie sich gegen Bossing

Es ist nicht leicht, sich gegen seinen mobbenden Vorgesetzten zu wehren. Einen Chef kann man nicht einfach zur Rede stellen. Er würde sich ja kaum auf eine sachliche Aussprache einlassen. Eine Möglichkeit wäre, sich mit Kolleginnen und Kollegen gegen den Vorgesetzten zu verbünden. Doch sollten Sie als Betroffener nicht zu sehr auf Solidarität hoffen. Es liegt ja in der Natur von Bossing, dass es sich meistens nur gegen Einzelne richtet. Mögen die anderen das auch missbilligen, so möchte sich doch niemand mit dem mächtigen Chef anlegen, weil er Ihnen beisteht. Er könnte dann schnell selbst zum Opfer werden.

Beschweren Sie sich beim nächsthöheren Vorgesetzten

Möglicherweise hilft Ihnen eine Beschwerde bei der dem mobbenden Vorgesetzten übergeordneten Firmenleitung. Hier kommt es darauf an, wie fest der Mobbende im Sattel sitzt. Erfüllt seine Abteilung alle Vorgaben, erzielt gar mehr Gewinn als erwartet, sieht der Gemobbte alt aus. In vielen Firmen ist es leider noch immer so, dass sich in der Direktionsetage niemand wirklich für das Betriebsklima interessiert, so lange der Umsatz stimmt. Also wird man den Abteilungsleiter vielleicht auf Ihre Beschwerde über ihn ansprechen. Er wird jedoch die Mobbingvorwürfe entrüstet zurückweisen. Damit bleibt nicht nur alles beim Alten, der Chef wird nun erst recht versuchen, Sie fertig zu machen.

Schalten Sie den Betriebsrat ein

Das ist eine gute Möglichkeit, gegen Bossing vorzugehen, denn hier können Sie zunächst eine vertrauliche Behandlung Ihres Falles verlangen. Betriebsräte dürfen, ohne den Namen des Gemobbten zu nennen, an höherer Stelle vorsprechen. Erst wenn eine echte Chance besteht, dass der Fall fair behandelt wird und sich wirklich etwas ändert, können Sie, das Bossingopfer, aus der Anonymität heraustreten.

Schalten Sie einen Anwalt ein

Das schwerste Geschütz im Kampf gegen Bossing. Sie sollten es nur auffahren, wenn jeder innerbetriebliche Schlichtungsversuch gescheitert ist. Allerdings haben sich seit einem Grundsatzurteil des Landesarbeitsgerichts Thüringen vom 10. April 2001 zu Gunsten eines Mitarbeiters, der von seinem Chef gemobbt wurde, die Aussichten auf Erfolg einer Klage wegen Mobbings rapide erhöht. (AZ. 5 Sa 403/2000 – Die ausführliche Urteilsbegründung und weitere Gerichtsentscheide finden Sie im Anhang. Lesen Sie dazu auch: Von Richtern und Rechtsanwälten.)

Manchmal hilft nur ein dickes Fell

Trotz aller rechtlichen Möglichkeiten, sich zu wehren, befindet sich ein Mitarbeiter, der von seinem Vorgesetzten gemobbt wird, in einer denkbar ungünstigen Situation. Mobbing von oben ist nicht leicht zu beweisen, denn der Chef hat Weisungsrecht und

Fürsorgepflicht gegenüber seinen Untergebenen. Ob und wo hier die Grenze zwischen Arbeitsanweisungen und berechtigter Kritik einerseits und Bossing andererseits überschritten wird, ist für Außenstehende nur schwer festzustellen. Wenn Sie keine Möglichkeit haben, sich der Mobbingattacken des Chefs durch Beweise zu erwehren, sollten Sie versuchen, sich ein dickeres Fell zuzulegen. Ziehen Sie eine Zeit lang einfach den Kopf ein, wenn Sie wissen, dass Ihr Chef ein Choleriker ist und der kleinste Widerspruch bei ihm Tobsuchtsanfälle auslöst. Bei einem anderen Vorgesetzten ist es vielleicht gerade duckmäuserisches Verhalten, das ihn dazu bringt, das Opfer noch stärker zu mobben. Ihm sollten Sie Grenzen setzen – bis hier und nicht weiter! Doch Vorsicht!: Wer seinen Chef falsch einschätzt, verschlimmert nur seine Situation.

Kleine Charakterkunde – so sind die Chefs

Analysieren Sie Ihren Chef

Für Ihre Situation am Arbeitsplatz ist es von Vorteil, wenn Sie den Charakter Ihres Vorgesetzten richtig einschätzen und seine Macken und Marotten durchschauen. Dazu bedarf es nur ein wenig Beobachtungsgabe und Menschenkenntnis. Sicher erkennen Sie in einem der folgenden Charakterstudien auch Ihren Chef wieder.

Der »Ich-bin-der-Größte-Chef« …

… hält sich schlicht für einmalig. Er neigt dazu, sich und alles, was er sagt und tut, total überzubewerten. Psychologen sprechen von einer narzisstischen Persönlichkeit (Narzissmus = krankhafte Eigenliebe; benannt nach einem griechischen Jüngling, der sich in sein eigenes Spiegelbild verliebte). Narzisstische Menschen haben als Kinder durch ihre Eltern oft zu wenig Anerkennung erfahren.

Ein narzisstischer Vorgesetzter umgibt sich gern mit Mitarbeitern, die ihm nach dem Mund reden. Wer nicht für ihn ist, der ist gegen ihn. Grund für sein Schwarzweiß-Denken: Hinter der glänzend-dynamischen Fassade verbirgt er Unsicherheit und mangelndes Selbstwertgefühl.

Fazit: Der »Ich-bin-der-Größte-Chef« duldet keinen Widerspruch. Wer es trotzdem wagt, wird – notfalls mit unfairen Mitteln – niedergemacht. Wer ihn dagegen rückhaltlos anerkennt und bewundert, hat es gut bei ihm.

Der »Ich-bin-eine-gespaltene-Persönlichkeit-Chef« ...

... hat Sie für Ihre Leistungen gerade noch gelobt und kanzelt Sie gleich darauf vor versammelter Mannschaft ab. Trösten Sie sich, mit diesem Cheftyp wird selten jemand warm. Seine Persönlichkeit ist schizoide (griechisch: gespalten). So ein Vorgesetzter bleibt nicht nur gegenüber Kollegen und Mitarbeitern stets kühl und distanziert. Schizoide Menschen gehen Probleme scheinbar emotionslos an und lassen Gefühle nicht an sich heran. Sie wirken verschlossen und sind allem gegenüber misstrauisch eingestellt. Wenn sie trotzdem einmal menschliche Wärme zeigen, ziehen sie sich plötzlich wieder zurück, brechen Beziehungen schroff ab. Schizoiden Persönlichkeiten fehlte als Kind die Nestwärme. Hinter ihrer Kälte verbirgt sich häufig der Wunsch nach liebevoller Geborgenheit.

Ein schizoider Vorgesetzter überträgt die eigene Feindseligkeit auf die Mitarbeiter und erzeugt in seiner Abteilung ein Klima von Angst und Misstrauen. Typisch ist auch, dass er es an jeglicher Objektivität im Umgang mit Untergebenen fehlen lässt. Den einen behandelt er freundlich und korrekt, den anderen als Versager, den dritten schlicht als Trottel. Seine Einschätzungen sind willkürlich, und man sollte gar nicht erst nach Gründen suchen.

Fazit: Um mit Ihrem »Ich-bin-eine-gespaltene-Persönlichkeit-Chef« klarzukommen, sollten Sie Ihre Arbeit machen und ihm so oft wie möglich aus dem Weg gehen.

Der »Ich-bin-ein-Feigling-Chef« ...

... lebt in der permanenten Angst, etwas falsch zu machen. Bei allem, was er tut und anordnet, sichert er sich nach allen Seiten ab. Er tastet vor, weicht zurück, ist extrem entscheidungsscheu. Geht etwas schief, präsentiert er sofort den Schuldigen – und der ist nie er selbst. Der »Feigling-Chef« besitzt eine phobische Persönlichkeit (von griechisch phobos = Furcht). Phobiker haben als Kinder häufig nicht gelernt, selbstständig zu handeln, weil ihre Eltern überängstlich waren.

Die in der Kindheit anerzogenen Ängste prägen das Verhalten eines phobischen Vorgesetzten. Er neigt dazu, seine Mitarbeiter übermäßig zu kontrollieren, traut ihnen im Grunde nichts zu und würde am liebsten alles selbst machen. Er wird nie über die mittlere Führungsebene hinauskommen. Aber er sitzt dort, wo er sitzt, ziemlich fest im Sattel. Das liegt daran, dass er ein begnadeter Taktierer ist. Er redet jedem nach dem Mund und kennt alle schmutzigen Tricks, um Mitarbeiter gegeneinander auszuspielen. Intrigen wittert er schon auf Meilen.

Fazit: Man kann mit dem »Feigling-Chef« auskommen, wenn man sich mit seinem Führungsstil erst einmal abgefunden hat. Er ist nicht wirklich bösartig, möchte nur nirgendwo anecken und hasst Veränderungen. Engagierte und kreative Mitarbeiter kommen bei ihm zum Zug, wenn sie ihm eine neue Idee als seine eigene verkaufen. Natürlich nur, wenn er sich durch die Umsetzung »seiner« Idee mit Ruhm bekleckern kann. Anderenfalls zaubert er wieder blitzschnell einen Schuldigen aus dem Hut – nämlich Sie!

Der »Sieht-denn-keiner-wie-ich-leide-Chef« ...

... verkörpert das Gegenteil des gängigen Managerideals. Bei ihm spürt man nichts von Initiative und knallharter Durchsetzungskraft. Er hockt antriebslos, in gedrückter Stimmung, hinter seinem Schreibtisch und leidet. Vor allem an sich selbst. Depressive Menschen haben wenig Selbstvertrauen und fühlen sich oft hilflos gegenüber »der bösen Welt da draußen«. Depressionen wurzeln in der Erziehung, wenn Kinder unter mangelnder Liebe und Zuwendung der Eltern leiden.

Ein depressiver Vorgesetzter kümmert sich mehr um seinen Weltschmerz als um Mitarbeiter und die Belange der Firma. Auf Grund der eigenen Unsicherheit ist er nicht autoritär und nicht selten selber Opfer von Mobbing und Intrigen. Oft hat er innerlich resigniert. Zu führen und Entscheidungen zu treffen übersteigt seine Kräfte. So entsteht ein Machtvakuum, weil niemand sagt, wo es langgeht. Seine Abteilung treibt ziel- und planlos dahin, bis vielleicht irgendwann die Firmenleitung auf das Leistungsdefizit aufmerksam wird und den Chefposten neu besetzt.

Fazit: Unter einem depressiven Chef lässt sich ein ruhiges Leben führen. Übermäßige Kontrolle oder gar Bossing sind von ihm nicht zu erwarten. Aber auch kein offenes Ohr für Probleme oder innovative Vorschläge der Mitarbeiter.

Der »Bei-mir-hat-alles-seine-Ordnung-Chef« ...

... ist Perfektionist und ein Machtmensch mit zwanghafter Persönlichkeitsstruktur. Auf seinem Schreibtisch sind alle Utensilien militärisch ausgerichtet. Nie ist die Schnur des Telefonhörers verdreht und kein Bleistifte wagt es, aus der Reihe zu tanzen. Was er macht, macht er hundertprozentig. Spontane Entschlüsse sind nicht sein Ding. Menschen wie er planen lange und bis ins Detail, bevor sie etwas in Angriff nehmen. Eine übermäßig strenge, autoritäre Erziehung und Unterdrückung frühkindlicher Spontaneität und Aggressivität gelten als Ursache für zwanghaftes Verhalten im Erwachsenenalter.

Wenn Sie einen solchen Vorgesetzten haben, sind Sie nicht zu beneiden. Vor allem in Unternehmen, die mit großem bürokratischem Aufwand geführt werden, ist er in seinem Element. Planbarkeit, Berechenbarkeit, Ordnung, Disziplin sind Begriffe, die ihn zur Höchstform auflaufen lassen. Von seinen Mitarbeitern erwartet er bedingungslose Unterwerfung, und seine Kontrollsucht kann schnell zur Schikane werden. Natürlich ist er in seinem Bereich der absolute Alleinherrscher. Einen Kollegen mit den gleichen Machtbefugnissen könnte er niemals akzeptieren. Andere zu beherrschen macht ihm Freude. Dabei passt es in sein hierarchisches Weltbild, dass er sich von seinen Vorgesetzten willig beherrschen lässt.

Fazit: Mitarbeiter, die mit einem »Bei-mir-hat-alles-seine-Ordnung-Chef« auskommen müssen, gewinnen seine Sympathie durch Unterwürfigkeit. Wer aufbegehrt, hat bei ihm schlechte Karten.

Der »Hoppla-jetzt-komme-ich-Chef« …

… ist ein Hysteriker. Sein Schreibtisch gleicht einem Schlachtfeld. Er hetzt von einer Sitzung zur nächsten, hält keine Termine ein, hört nicht richtig zu, schaut nicht richtig hin und fällt deshalb leicht auf falsche Ratgeber herein. Hysterische Persönlichkeiten sind stark ichbezogen und wollen im Mittelpunkt stehen. Sie brauchen Bewunderung und lieben theatralische Auftritte – »Seht her, hier bin ich!« Die Veranlagung zur Hysterie entwickelt sich in der so genannten ersten ödipalen Phase vom vierten bis sechsten Lebensjahr. In dieser Zeit kommt es zu speziellen Konflikten mit den Eltern. Das Kind lehnt den gleichgeschlechtlichen Elternteil ab, der andersgeschlechtliche wird geliebt.

Ein hysterischer Vorgesetzter ist stets auf der Suche nach neuen Ideen, die er genauso schnell wieder fallen lässt. Chaos und Ärger sind bei ihm vorprogrammiert. Er setzt sich und seinen Mitarbeitern oft unerreichbare Ziele. Er erteilt im Telegrammstil unausgegorene Anweisungen im Vorbeigehen, ist unpünktlich und hört auf die Falschen. Sichtbare Erfolgssymbole wie der Luxuswagen oder das große Büro mit dem Mahagonischreibtisch sind ihm über die Maßen wichtig. Und als typischer Selbstdarsteller liebt er Präsentationen und Betriebsfeste.

Fazit: Trösten Sie sich, es gibt Schlimmeres, als unter einem hysterischen Chef zu arbeiten. Dass er »bosst«, einen Mitarbeiter gezielt mobbt, ist bei ihm eher die Ausnahme. Sie sollten nur rechtzeitig zur Seite springen, wenn er mal wieder atemlos durchs Büro rauscht. Sonst werden Sie plattgewalzt. Wollen Sie ihn stoppen, stellen Sie ihm eine überraschende Frage. Das bringt ihn aus dem Konzept – aber natürlich nur für einen Moment.

Mobbing durch sexuelle Belästigung am Arbeitsplatz

Rund 99% aller sexuell motivierten Übergriffe am Arbeitsplatz richten sich gegen weibliche Mitarbeiter. Somit ist nachfolgend vor allem die sexuelle Belästigung von Frauen gemeint.

Sexualität ist nach dem Selbsterhaltungstrieb die größte Triebfeder im menschlichen Leben, und wo immer Männer und Frauen zusammenarbeiten, ist eine sexuelle Komponente im Spiel. Nicht von ungefähr gilt der Arbeitsplatz als größter »Heiratsmarkt«. 30–40% aller Ehepartner haben sich hier kennen gelernt. Sexuelle Belästigung hat jedoch nichts mit einer Liebelei am Arbeitsplatz gemein. Sie erfolgt immer einseitig, gegen den Willen der Belästigten.

Sexuelle Belästigung am Arbeitsplatz ist ein Tabuthema

Wenn früher in der von Männern dominierten Arbeitswelt sexuelle Übergriffe überhaupt zur Sprache kamen, wurden sie von den Tätern, und oft genug auch von (männlichen) Vorgesetzten, als Kavaliersdelikt abgetan. Die Belästiger bewegten sich quasi in einem rechtsfreien Raum und mussten kaum eine Bestrafung fürchten. Es gab weder entsprechende Gesetze zum Schutz der Opfer noch innerbetriebliche Vereinbarungen oder Beratungsstellen, an die sich Belästigte um Hilfe wenden konnten. Erst als sich das antiquierte Frauenbild und damit auch die Stellung der Frau im Beruf zu ändern begann, wurde »sexuelle Belästigung am Arbeitsplatz« zu einem öffentlich diskutierten Thema. Schließlich kam auch der Gesetzgeber nicht mehr an diesem Problem vorbei. Es dauerte jedoch noch bis in das Jahr 1994, in dem entsprechende Gesetze verabschiedet wurden. Darin werden im Falle von sexueller Belästigung nicht nur den Betroffenen erhebliche Rechte eingeräumt, sondern wird auch dem Arbeitgeber zwingend vorgeschrieben, Maßnahmen zum Schutz der Belästigten zu ergreifen (siehe Anhang/Beschäftigten-Schutzgesetz).

Was ist nach dem Gesetz überhaupt »sexuelle Belästigung«?

Zunächst auf jeden Fall alle sexuellen Verhaltensweisen (z. B. Vergewaltigung), die schon im Strafgesetzbuch unter Strafe gestellt sind. Weiterhin gilt jede sexuelle Handlung, die die Würde von Beschäftigten am Arbeitsplatz verletzt, als sexuelle Belästigung. Sie kann sich in Worten, Gesten oder sonstigem sexuell bestimmtem Verhalten ausdrücken. Sie kann auch zwischen gleichgeschlechtlichen Personen vorkommen. Besonders verwerflich ist sexuelle Belästigung dann, wenn ein Abhängigkeitsverhältnis ausgenutzt wird.

Die häufigsten Formen sexueller Belästigung

- Zeigen und sichtbares Anbringen unerwünschter sexistischer oder pornografischer Bilder im Arbeitsbereich (Wandkalender, Computerbildschirm). Nicht immer geschieht dies, um das sexuelle Empfinden Einzelner zu verletzen, denn die Begriffe »pornografisch« und »sexistisch« sind auch vom Gesetzgeber nicht exakt definiert. Was der eine schon als pornografisch bezeichnet, ist für den anderen die künstlerisch-erotische Darstellungen des menschlichen Körpers. Hier steht das Empfinden des Einzelnen im Vordergrund. Wenn sich die einzige Frau in der Abteilung dadurch sexuell belästigt fühlt, kann sie verlangen, dass der Nacktkalender verschwindet. Werden gar deutlich obszöne Darstellungen an die Bürowand gepinnt, ist die Grenze zur sexuellen Belästigung allemal überschritten.
- Anstarren, taxierende Blicke. Betroffene fühlen sich ständig beobachtet, mit den Augen ausgezogen und »wie eine Ware taxiert«. Ihr Wohlbefinden wird dadurch massiv beeinträchtigt. Sie sind innerlich angespannt und ihre Arbeitsleistung sinkt, weil sie sich nicht mehr konzentrieren können.
- Anzügliche Bemerkungen über Figur oder das sexuelle Verhalten im Privatleben.
- Sexuelle Belästigung am Telefon. Das Opfer wird am Telefon – oft anonym – mit obszönen Worten oder Angeboten belästigt. Diese Belästigungen haben nachgelassen, seit dank der Technik

oft die Apparatenummer des Anrufers auf dem Display erscheint und er dadurch identifizierbar ist.

- E-Mails oder SMS mit sexuellen Inhalten. Diese modernen Arten sexueller Belästigung am Arbeitsplatz laufen der verbalen sexuellen Belästigung am Telefon zunehmend den Rang ab und nehmen ständig zu. Vor allem E-Mails mit sexistischem Inhalt kursieren oft von Abteilung zu Abteilung. In größeren Unternehmen sind heute alle Computer über ein Netzwerk miteinander verbunden und die firmeninternen elektronische Nachrichten sind kostenlos und werden kaum kontrolliert. Zudem haben viele Mitarbeiter einen Zugang zum Internet, aus dem sie pornografische Bildchen herunterladen und einer ahnungslosen Kollegin als »Anlage« zumailen (siehe auch: Online-Terror am Arbeitsplatz).
- Androhen von beruflichen Nachteilen bei sexueller Verweigerung. Zuckerbrot und Peitsche – dieser Chefvariante bedienen sich gewisse Vorgesetzte, denen die Macht dazu gegeben ist. Zunächst wird versucht, das Opfer durch Versprechungen sexuell willfährig zu machen. Weigert es sich, wird es nicht selten beruflich erbarmungslos fertig gemacht.
- Verbale Aufforderung zum Sex. Das Opfer wird mit eindeutigen Worten zum Beischlaf aufgefordert.
- Voyeuristische Handlungen. Der Täter beobachtet sein Opfer heimlich und außerhalb des gemeinsamen Arbeitsplatzes. Zum Beispiel auf der Toilette.
- Exhibitionistische Handlungen. Der Täter entblößt sich vor seinem Opfer.
- Unerwünschte körperliche Berührungen. Dazu gehören erzwungene Küsse und Umarmungen, Kneifen, Po- und Busengrabschen.
- Erzwingen sexueller Handlungen durch Anwendung körperlicher Gewalt. Hierbei handelt es sich um Vergewaltigung im Sinne des Strafgesetzbuches. Und die wird nach § 177 StGB mit Freiheitsstrafe nicht unter einem Jahr bestraft (in besonders schweren Fällen nicht unter zwei Jahren).

Zwei von drei Frauen wurden schon einmal am Arbeitsplatz sexuell belästigt

Untersuchungen in Behörden und Betrieben zeigen, dass rund 66 % der weiblichen Mitarbeiter in irgendeiner Form sexuell belästigt wurden. Das reicht von sexistischen Bemerkungen über sexuelle Erpressung bis hin zum Vergewaltigungsversuch und vollendeter Vergewaltigung. Dabei sind einmalige sexuelle Übergriffe eher die Ausnahme. Die betroffenen Frauen werden über einen längeren Zeitraum immer mehr in die Enge getrieben. Ihr Bedürfnis nach Distanz und Selbstbestimmung wird nicht mehr akzeptiert, ihre Würde gezielt und systematisch verletzt – das typische Mobbingverhalten. Die Opfer fühlen sich den Belästigern hilflos ausgeliefert und wissen nicht, wie sich wehren sollen.

Wenn die sexuellen Übergriffe durch einen Vorgesetzten erfolgen, ist da oft auch die Angst vor beruflichen Nachteilen. Schon manche hoffnungsvolle Jungmanagerin hat die Ohrfeige für ihren Chef mit einem abrupten Karriereknick bezahlt. So finden sich betroffene Frauen, die sich wehren, häufig in einer doppelten Opferrolle wieder. Zunächst durch die sexuellen Belästigungen, dann durch Ausgrenzung und berufliche Schwierigkeiten.

Sexuelle Belästigung macht krank

Das Opfer muss nicht nur die unmittelbaren sexuellen Belästigungen ertragen, sondern leidet unter den seelischen und körperliche Nachwirkungen der Angriffe. Angst, Scham, Schuldgefühle stellen sich ein. Die Belästigte hat weniger Spaß am Beruf, leidet unter Depressionen, Übelkeit, Zittern, Schweißausbrüchen, Nervosität und Gewichtsverlust bis hin zur Magersucht und zu Selbstmordgedanken. Allergien, Kopf- und Magenschmerzen beeinträchtigen die Arbeitsleistung. Die Lebensfreude und das bisher intakte Sexualleben sind gestört, weil das Opfer den eigenen Körper ablehnt.

Zu den Reaktionen auf fortdauernde sexuelle Belästigung gehört auch die Angst, die einen Gedanken an Widerstand gar nicht aufkommen lässt. Manchmal entstehen Verfolgungsgefühle. Das

Opfer reagiert panisch und glaubt sich dann auch von wohlmeinenden Vorgesetzten und Kolleginnen im Stich gelassen.

In unserer Firma gibt es so etwas nicht

Wirklich nicht? Viele wollen nicht glauben, dass in ihrem Betrieb oder ihrer Behörde Mitarbeiterinnen sexuell belästigt werden. Befragungen von Betroffenen sprechen jedoch eine andere Sprache. Es gibt kaum ein Unternehmen, in dem sexuelle Übergriffe nicht vorkommen. Wobei das »gemäßigte« und tägliche sexistische Verhalten (z.B. anzügliche Bemerkungen) bei vielen Mitarbeitern leider als normal gilt. Betroffenen Frauen haben es vielfach längst aufgegeben, sich dagegen aufzulehnen.

Grundsätzlich hat jede Firmenleitung Interesse daran, Beschwerden wegen sexueller Belästigungen möglichst intern und ohne viel Aufsehen zu klären. Denn natürlich schaden solche Vorkommnisse dem Image des Unternehmens und beeinträchtigen das Betriebsklima. Dringen trotzdem einmal sexuelle Übergriffe ans Tageslicht, wird ihre Bedeutung gern bagatellisiert und als Überreaktion der Betroffenen heruntergespielt. Handelt es sich bei dem Beschuldigten um einen Vorgesetzten, wird das Opfer nicht selten zum Täter gemacht. Der gute Ruf der Firma soll auf jeden Fall gewahrt werden. Die angeblich belästigte Kollegin hätte durch ihr Verhalten die angebliche Belästigung herausgefordert, heißt es dann. Oder die Eignung für ihren derzeitigen Arbeitsplatz wird ihr plötzlich abgesprochen, um von ihrer Beschwerde wegen sexueller Belästigung abzulenken: »Sie sind zu zimperlich«, und »Wenn Sie sich nicht durchsetzen können, sitzen Sie am falschen Arbeitsplatz«, heißt es dann. Die letztere Aussage kann man als versteckte Drohung auffassen, die übersetzt so lautet: »Wenn du weiterhin wegen dem bisschen Po-Klatschen so ein Theater machst, verlierst du deinen Job.« Spätestens jetzt ziehen viele betroffene Frauen ihre Beschwerde zurück und alles wird unter den Teppich gekehrt.

Warum belästigen Männer Frauen am Arbeitsplatz?

Der Anteil von Frauen in Führungspositionen ist noch immer vergleichsweise gering, und die Arbeitswelt wird von Männern und männlichem Denken beherrscht. Frauen müssen oft mehr leisten, um berufliche Anerkennung zu finden, und werden dafür auch noch schlechter bezahlt. Sie werden von vielen Männern nicht als gleichwertige Kolleginnen wahrgenommen, sondern vor allem als Sexobjekt.

Längst nicht immer geht es den Angreifern jedoch wirklich um Sex, also darum, ihr Opfer »ins Bett zu kriegen«. Sie setzen sexuelle Belästigungen gezielt als Mobbingtaktik gegen unliebsame Kolleginnen ein. So demonstrieren sie Macht und Überlegenheit. Opfer sind selten die selbstbewussten Frauen. Es sind die unsicheren, die rot werden, sich weinend auf der Toilette einschließen, um dem Angreifer zu entgehen. Der Täter weidet sich an ihrer Hilflosigkeit. Sie verschafft ihm ein Gefühl männlicher Überlegenheit, und nicht selten kann er sich dann auch noch des Beifalls seiner anzüglich grinsenden Kollegen sicher sein.

Manche Frauen wollen doch angemacht werden

Damit versuchen viele Täter sexuelle Übergriffe gegen eine Kollegin zu entschuldigen. Oft genug glauben sie selbst daran. Der Grund liegt darin, dass Männer anders »ticken« als Frauen, was Sexualität angeht. Sie fühlen sich durch ein auffallendes Make-up, das enge T-Shirt oder den Minirock der Kollegin am Schreibtisch gegenüber als Mann herausgefordert. Für viele Frauen ist es jedoch selbstverständlich, sich auch am Arbeitsplatz schick und ein wenig sexy zu kleiden. Die meisten tun es für sich, weil es ihrem Selbstverständnis entspricht und sie sich »schön« finden möchten. Sicher will die eine oder andere auch gefallen, das gehört zum Spiel der Geschlechter. Das kann jedoch niemals ein Freibrief für sexuelle Übergriffe sein.

Wer sind die Täter?

Täter finden sich auf jeder Ebene der Firmenhierarchie. Es sind »normale« Männer, Kollegen, Ausbilder, Vorgesetzte. Auch Kunden können Täter sein. Es sind nicht überwiegend die jungen, die 20- oder 30-jährigen. Die meisten sexuellen Übergriffe erfolgen durch Mitarbeiter, die älter als 40 Jahre sind. Vielfach Ehemänner und Familienväter. Oft sind sie schon lange im Betrieb und arbeiten, im Gegensatz zu ihren Opfern, in gesicherten beruflichen Positionen. Es sind fast immer dieselben Männer, die Frauen am Arbeitsplatz belästigen. Oft ist ihr Verhalten Kollegen und nicht selten auch Vorgesetzten bekannt. Doch wo kein Kläger, da kein Richter.

Wer sind die Opfer?

43 % der sexuell Belästigten sind nach einer Untersuchung allein stehende und getrennt lebende Frauen. Davon sind junge Frauen im Alter zwischen 20 und 30 Jahren am häufigsten betroffen. Unter den Verheirateten finden sich weniger als ein Viertel der Betroffenen. Auszubildende und Mitarbeiterinnen in ungesicherten Beschäftigungsverhältnissen werden häufiger sexuell belästigt. Ebenso Frauen, die neu am Arbeitsplatz sind oder in untergeordneter Position arbeiten.

Treffen kann es jedoch jede, auch auf der mittleren und höheren Firmenebene. Nicht selten werden sehr karriereorientierte Frauen zum Opfer, wenn sie aufsteigen wollen. In dieser Phase stehen sie oft in einem starken beruflichen Konkurrenzkampf mit männlichen Kollegen und sind durch sexistische Angriffe besonders verwundbar.

Warum schweigen viele Opfer?

Betroffene glauben oft, nur sie würden sexuell belästigt. Sie schweigen und quälen sich mit Selbstvorwürfen, weil sie die Schuld bei sich suchen. Was habe ich an mir, dass er glaubt, sich diese Unverschämtheiten herausnehmen zu können? Habe ich ihm in irgendeiner Weise Mut gemacht, mich so zu behandeln? Das Opfer weiß nicht, dass vielleicht nur zwei Türen weiter eine Kollegin sitzt, die von demselben Täter attackiert wird und sich die gleichen Fragen stellt. Viele Täter kennen dieses Verhalten und hoffen darauf. Denn so kann keine Solidarität entstehen, die ihm gefährlich würde.

Sexuelle Belästigung trifft den Imtimbereich und verletzt die Würde einer Frau. Neben Hass auf den Angreifer und der Angst vor weiteren Belästigungen ist da auch eine oft unüberwindliche Scham vor Peinlichkeiten. Denn wenn ein Opfer sich beschwert, muss es irgendwann Fragen beantworten: »Was genau ist Ihnen passiert? Was waren das für obszöne Worte, die der beschuldigte Kollege Ihnen zugeflüstert hat? Wo hat er Sie unsittlich berührt?« Hier können viele Betroffene ihre Hemmschwelle nicht überwinden. Handelte es sich gar um einen schweren Fall von sexueller Belästigung, gibt es meistens auch keine Zeugen und Aussage stünde gegen Aussage. Streitet der Beschuldigte alles ab, kommt letztlich die Wahrheit nicht ans Licht. Der Täter macht weiter wie bisher und, wie Fälle aus der Praxis zeigen, die Belästigten geraten schnell als »frustriert« oder »überempfindlich« in die Kritik.

Deshalb suchen viele Frauen ohne fremde Hilfe einen Ausweg aus ihrer Lage. In der Hoffnung, der Täter würde sie bald in Ruhe lassen, wenn sie seine Übergriffe ignorieren, versuchen sie seine verbalen sexistischen Entgleisungen zu überhören. Sie tun, als bemerkten sie seine Berührungen gar nicht, und gehen ihm aus dem Weg, wann immer möglich. Doch in der Regel erfüllt sich die Hoffnung nicht. Passivität ermuntert Belästiger nur, daher ist offensives Verhalten immer die bessere Lösung.

Was können Sie als Betroffene tun?

So schwerwiegend sexuelle Belästigung auch gewertet werden muss, sollten Sie die Verhältnismäßigkeit von Gegenmaßnahmen abwägen. Schießen Sie nicht gleich mit Kanonen auf Spatzen. Fühlen Sie sich durch die vielleicht sexistische, aber einmalige und eher unbedacht dahingesagte Äußerung eines Kollegen belästigt, ist es sicherlich das Beste, den Vorfall mit einem Schulterzucken zu übergehen. Es kommt auf das Betriebsklima an, ob Sie sich sonst an Ihrem Arbeitsplatz wohl fühlen und nicht schon früher Opfer von Übergriffen wurden. Wiederholen sich die Belästigungen, sind jedoch weitere Schritte nötig.

Versuchen Sie, eine Aussprache herbeizuführen

Stellen Sie den Täter zur Rede. Zum Beispiel, indem Sie unmittelbar nachfragen: »Was soll diese Bemerkung? Wieso sagen Sie so etwas? Warum beleidigen Sie mich?« Wichtig ist es, dem Täter deutlich zu machen, dass sein Verhalten nicht erwünscht ist. Fordern Sie ihn energisch auf, seine sexuellen Belästigungen zu unterlassen.

Schreiben Sie einen Brief

Lässt der Täter sich auf keine Aussprache ein, schreiben Sie ihm einen Brief. Formulieren Sie möglichst sachlich, aber ausführlich Ihre Anschuldigungen gegen ihn. Verlangen Sie, dass er sein Verhalten ändert, und drohen Sie anderenfalls mit weiteren Schritten. Behalten Sie für sich eine Kopie als Beweis und suchen Sie sich möglichst einen Zeugen dafür, dass der Adressat Ihren Brief in Empfang genommen hat.

Suchen Sie sich Verbündete

Versuchen Sie herauszufinden, ob derselbe Täter auch andere Mitarbeiterinnen belästigt oder belästigt hat. Manche belästigte Kollegin traut sich vielleicht nur nicht, darüber zu sprechen, und ist dankbar, wenn Sie das Thema anschneiden. Gemeinsam mit anderen Opfern sind Sie gegenüber dem Täter in einer weitaus stärkeren Position.

Führen Sie ein Tagebuch über die sexuellen Belästigungen

Stellt der Täter sich stur und hören die Belästigungen nicht auf, sollten Sie jede Belästigung genau notieren. Das Tagebuch dient später an höherer Stelle als Beweis. Darin müssen neben dem Namen des Täters folgende Punkte festgehalten werden:

- Wann und wo wurde ich sexuell belästigt (Ort, Datum, Uhrzeit)?
- Habe ich den Belästiger deutlich zurückgewiesen und in welcher Form (durch verbale Zurechtweisung, durch Zurückstoßen, durch eine Ohrfeige)?
- Wie hat er auf meine Zurückweisung reagiert (nicht zur Kenntnis genommen, darüber gelacht, mich erst recht sexuell belästigt)?
- Wie wurde ich sexuell belästigt (mit welcher anzüglichen Bemerkungen, welchen unerwünschten Berührungen, welchen obszönen Gesten)?
- Werden Sie per SMS oder E-Mail belästigt, speichern Sie die Nachrichten auf Ihrem Handy oder im Computer. Lassen Sie telefonische Belästigungen möglichst von einer Kollegin mithören und im Tagebuch bestätigen.

Beschweren Sie sich

Wenn Sie an Ihrem Arbeitsplatz sexuell belästigt werden, haben Sie das Recht, sich bei den zuständigen Stellen des Betriebes zu beschweren. Sie können verlangen, dass bei Gesprächen mit Vorgesetzten ein Mitglied des Betriebs- oder Personalrates zu Ihrer Unterstützung anwesend ist. Soweit es in Ihrer Firma oder Dienststelle eine Frauenbeauftragte gibt, können Sie sich natürlich auch an diese wenden.

Arbeitgeber und Vorgesetzte sind verpflichtet, eine Beschwerde zu prüfen. Dazu müssen beide Seiten und eventuell Zeugen gehört und Beweise (z.B. Tagebuchaufzeichnungen über die Belästigungen) zur Kenntnis genommen werden. Bestätigen sich die Anschuldigungen, müssen Vorgesetzte oder Firmenleitung sofort arbeitsrechtliche Maßnahmen gegen den Täter ergreifen, damit er weitere Belästigungen unterlässt. Dazu gehören z. B. Abmahnung, Versetzung, Kündigung. Beamte können mit den zur Verfügung stehenden Disziplinarmaßnahmen bis hin zur Entlassung bestraft werden.

Was tun, wenn meine Beschwerde nicht ernst genommen wird?

In diesem Fall steht Ihnen nach dem Beschäftigtenschutzgesetz (§ 4 Abs. 2 BSchG) ein Leistungsverweigerungsrecht zu. Es besagt: Betroffene können, um sich vor weiteren sexuellen Belästigungen zu schützen, ihre Arbeit an dem betreffenden Arbeitsplatz vorübergehend einstellen. Dadurch dürfen ihnen weder berufliche Nachteile erwachsen noch Lohn oder Gehalt gekürzt werden. Aber Vorsicht! Dieser schwerwiegende Schritt ist nur unter ganz bestimmten Bedingungen möglich und sollte gut überlegt sein.

- Die sexuelle Belästigung hat unzweifelhaft stattgefunden. Das heißt, sie ist beweisbar.
- Der Arbeitgeber/Vorgesetzte wurde über den Sachverhalt der sexuellen Belästigung genau in Kenntnis gesetzt. Er hat trotzdem nichts oder nicht genug gegen den Täter unternommen, um das Opfer vor weiteren sexuellen Belästigungen zu schützen.
- Dem Belästigungsopfer ist wegen Wiederholungsgefahr oder der Schwere der Tat vorläufig eine Weiterbeschäftigung an seinem derzeitigen bzw. bisherigen Arbeitsplatz nicht zuzumuten.

Das Recht, die Leistung zu verweigern, gilt immer nur für den Arbeitsplatz bzw. das Arbeitsumfeld, an/in dem die Belästigte den sexistischen Attacken des Täters weiter ausgeliefert wäre. Es erstreckt sich also nicht automatisch auf den ganzen Betrieb.

Rechtliche Möglichkeiten

Das Strafrecht wertet sexuelle Belästigung, je nach Schwere, als sexuelles Beleidigungsdelikt (§ 185 StGB), Körperverletzungsdelikt (§ 223 StGB), als Straftat gegen die sexuelle Selbstbestimmung (§ 174 StGB) oder Nötigung (§ 240 StGB).

Wollen Sie rechtliche Schritte gegen den Täter einleiten, sollten Sie sich zunächst juristisch beraten lassen. Kommt es zu einem Prozess, brauchen Sie auf jeden Fall eine Anwältin oder einen Anwalt, der Sie vor Gericht vertritt. Rechtsstreitigkeiten kosten jedoch Geld, manchmal eine ganze Menge. Gewerkschaften gewähren ihren Mitgliedern oft Rechtsschutz, durch den für Sie auch im Falle eines verlorenen Prozesses das Kostenrisiko entfällt. Erkundigen Sie sich darüber beim Betriebs- oder Personalrat. Bei sehr kleinem Einkommen können Sie eventuell auch Prozesskostenhilfe beantragen (Lesen Sie dazu auch: Von Richtern und Rechtsanwälten).

Bitte denken Sie daran...

... eine strafrechtliche Anzeige wegen sexueller Belästigung ist ein schwerwiegender Schritt. Vor Gericht werden Sie nur Erfolg haben, wenn Sie Beweise vorlegen können. Deshalb ist es wichtig, den hier aufgezeigten Maßnahmen gegen sexuelle Belästigung zu folgen. Nach dem Motto »Wehret den Anfängen« führen Sie frühzeitig ein »Belästigungstagebuch«. Schreiben Sie Namen von Kolleginnen und Kollegen auf, die Sie später als Zeugen benennen können. Suchen Sie sich Leidensgenossinnen. Wenn der Täter Sie körperlich verletzt hat, gehen Sie sofort zu einem Arzt und lassen Sie sich die Verletzungen attestieren.

Wenn Männer am Arbeitsplatz sexuell belästigt werden

Hier geht es fast immer um homosexuelle Kollegen oder Vorgesetzte als Täter. Belästigte sind oft männliche Auszubildende und Lehrlinge. Um sich vor sexuellen Übergriffen am Arbeitsplatz zu schützen, stehen den Opfern die gleichen Möglichkeiten, Beschwerdewege und rechtlichen Mittel zur Verfügung wie belästigten Frauen. Darüber, ob Männer am Arbeitsplatz tatsächlich zunehmend von »sexhungrigen« Mitarbeiterinnen oder weiblichen Vorgesetzten bedrängt werden, wie uns einige Hollywoodfilme weismachen wollen, gibt es keine glaubwürdigen Erhebungen.

Mobbing und Gesundheit

Jeder weiß, wie selbst ganz alltägliche Konflikte am Arbeitsplatz unser Wohlbefinden beeinträchtigen können. Dazu kommen oft ungünstige Arbeitsbedingungen, wie z.B. Nachtarbeit, mit der unser Körper und unsere Psyche fertig werden müssen. Trotzdem gelingt das den meisten ganz gut, weil sich negative Erfahrungen (Überlastung, Zeitdruck, Stress) und positive Erfahrungen (Erfolg, Beförderung, Freizeitaktivitäten) die Waage halten.

Anders sieht es bei Mobbing aus. Für den Gemobbten gibt es am Arbeitsplatz kein positives Erlebnis mehr. Mobbing greift das Selbstwertgefühl des Betroffenen an und zerstört sein Vertrauen in das bisherige eigene Weltbild. Als Folge reagieren Körper und Seele mit Krankheit.

Politiker und Ärzte haben das Problem erkannt

Dass inzwischen auch zunehmend Politiker und Ärzte für dieses Thema sensibilisiert sind, zeigen die beiden nachfolgenden Artikel.

Aus einer Mitteilung der europäischen Kommission zur neuen Gesamtstrategie für Gesundheit und Sicherheit (21. März 2002)
»... ist zu beobachten, dass die Krankheiten, die zu den neu auftretenden Gesundheitsproblemen gezählt werden, etwa Stress, Depressionen oder Angstzustände, sowie Gewalt am Arbeitsplatz, Mobbing und Einschüchterungen allein 18 % der mit der Arbeit verbundenen Gesundheitsprobleme ausmachen, von denen ein Viertel einen Arbeitsausfall von zwei Wochen oder mehr zur Folge haben.

... Die Zunahme der psychosozialen Beschwerden und Krankheiten führt zu neuen Herausforderungen im Bereich Gesundheit und Sicherheit am Arbeitsplatz, da die Verbesserung des Wohlbefindens bei der Arbeit durch sie einen Rückschlag erleidet. Die vielfältigen Formen des Mobbings und der Gewalt am Arbeitsplatz bilden heute ein besonderes Problem, weshalb Legislativmaßnahmen gerechtfertigt erscheinen.«

Auszug aus dem Ärzteblatt Nr. 27 vom 6. Juli 2001:
Hilflose Helfer in Diagnostik und Therapie:
»Mobbing als Ursache von Krankheiten wurde inzwischen in die Lehrbücher der Psychotraumatologie aufgenommen; dies gilt aber noch nicht für die allgemeine medizinische Diagnostik – mit fatalen Folgen für Mobbingopfer bei Begutachtung und Therapie. Mehr als eine Million Mobbingfälle belasten auch das deutsche Sozialversicherungssystem in unbekannter Höhe. Neben Kündigungen mit hieraus resultierenden Kosten für Arbeitslosenversicherung und Sozialhilfe tragen vorrangig mobbingbedingte Krankheitskosten bei der Kranken- und Rentenversicherung zu den materiellen Schadensfolgen im Sozialversicherungssystem bei.

Der 100. Deutsche Ärztetag bezeichnete die Folgen von Mobbing als ein ›zentrales Gesundheitsproblem‹ und forderte gezielte Maßnahmen in der ärztlichen Fort- und Weiterbildung, von Kranken- und Rentenversicherungsträgern sowie von den Verantwortlichen in Betrieben.

Unbestritten führt Mobbing kumulierend zu psychischen und psychosomatischen Erkrankungen, die das Mobbingopfer in den Suizid treiben können. Schätzungen zufolge werden bis zu 20 Prozent aller Suizide durch Mobbing verursacht; dies entspricht in Deutschland bis zu 3000 Suiziden pro Jahr. 42 Prozent der befragten Mobbingopfer geben Selbstmordgedanken an.« ...

Hilferufe – wie Opfer leiden

Bei den Recherchen zu diesem Buch stieß ich auf ein Chatforum im Internet, in dem Mobbingbetroffene ihre Leidensgeschichte schilderten. Einige der kurzen anonymen Beiträge habe ich kommentarlos im Wortlaut hier aufgeschrieben. Sie klingen wie verzweifelte Hilfeschreie und machen die körperlichen und seelischen Qualen von Mobbingopfern deutlich.

- Katrin, 15. 5. 2002, 9.14 Uhr:

»Hallo, auch ich werde gemobbt!?! Ich bin seit 15 Jahren in der Firma und habe vor 3 Jahren mein Kind bekommen. Hatte zwei Jahre wegen starken Übergewichtes dauernd Schmerzen und habe mich verändert. Dazu kommt, dass ich eine höhere Position bekleide. Habe auf Grund meiner Schmerzen 1 Jahr in einer anderen Abteilung gearbeitet und bin seit einem halben Jahr wieder zurück.

Zwei Damen haben sich in der Zwischenzeit Hoffnung auf meine Position gemacht und machen mir nun, wo ich wieder da bin, das Leben zur Hölle. Früher waren wir Freundc, heute ist da nur noch HASS!!!!!!

Habe zwar Rückendeckung vom Betriebsrat und der Geschäftsleitung, aber trotzdem halte ich diesen Nervenkrieg nicht mehr aus. Ich gehe kaputt, lasse meinen Frust schon an meiner Familie aus. Ich brauche Hilfe, will da weg.«

- (Ohne Namen) 10. 5. 2002, 20.06 Uhr:

»Ich bin seit ca. vier Monaten in einer Anwaltskanzlei tätig. Bisher wurde ich zwar nicht verbal angegriffen, aber meine Kolleginnen sprechen nicht mit mir. Wenn ich was frage, erhalte ich falsche Anworten. Dadurch mache ich Fehler und dann macht mich jedes Mal der Chef fertig.

Von einer anderen Kollegin habe ich erfahren, dass diese Kolleginnen auch hinter meinem Rücken ständig über mich lästern würden und Aussagen wie ›ich mache jetzt so lange, bis ihr gekündigt wird‹ gemacht wurden. Nachweisen kann ich denen nichts. Die Situation ist für mich unerträglich. Ich weiß schon nicht mehr weiter. Was soll ich tun?«

- Manfred, 7. 5. 2002 , 21.18 Uhr:

»Bei mir war es so:
- Nach über einem Jahr Mobbing Nervenzusammenbruch.
- 6 Monate Kur.
- Dann zurück in den Job.
- Seit Rückkehr immer wieder Fehlzeiten durch Krankheiten (psychisch/physisch).
- Ständig wird mir vorgehalten, wie viele Tage ich schon wieder gefehlt habe, seit ich von der Kur zurück bin.
- Kein Rückhalt, niemand hält mehr zu mir.
- Versprechen werden nicht gehalten.
- Habe Schwäche eingestanden und um Versetzung gebeten.

- Jetzt wird mir nahe gelegt, wenn ich den Job nicht schaffe, kann ich ja kündigen.
- Kollegen motzen mich nur noch an oder behandeln mich wie Luft. Werde morgens nicht einmal mehr begrüßt.
- Möchte mich am liebsten länger krankschreiben lassen (aber was erwartet mich, wenn ich zurückkehre?).
- Weiss nicht, wie es weiter gehen soll. Weiß nur – ich halte das nicht mehr lange aus.«

• Sven, 2. 5. 2002, 8.16 Uhr:
»Vor fast einem Jahr hat es angefangen. Seit einem Monat versuche ich mich zu wehren. Seitdem bin ich noch mehr fertig. Heute fand ich einen Zettel an der Windschutzscheibe meines Autos: ›A...loch!!! Jetzt bist Du fällig!!! Schließe eine Lebensversicherung ab!!! Oder suche dir einen neuen Job!!!‹ Ich gebe auf, habe keine Kraft mehr ...«

• Bianca, 9. 5. 2002, 4 Uhr:
»Hallo, ich bin in der 25. Schwangerschaftswoche und seit Januar 2002 habe ich eine neue Arbeitsstelle. Als meine Arbeitskollegin von der Schwangerschaft erfuhr, fing sie mit dem Mobbing an. Sie verbreitet Gerüchte hinter meinem Rücken, redet nicht mit mir und wenn, dann unterstellt sie mir irgendwelche Fehler, bzw. dass es so und so keinen Sinn hat, mir etwas beizubringen. Ich hatte deswegen schon vorzeitige Wehen und war krankgeschrieben. Nachts kann ich nicht mehr schlafen, ich muss erbrechen und habe keinen Appetit mehr. Manchmal bekomme ich richtige Heulanfälle und mein Mann kann mich kaum beruhigen. Es hat keinen Zweck, mit der Arbeitskollegin zu reden. Sie ist schon lange da und es wird nichts dagegen unternommen. Sie hat die anderen schon damit angesteckt. Ich habe jetzt mit meiner Frauenärztin darüber geredet, ob sie mich nicht weiter krankschreiben kann. Sie meinte, dass sie mich auf Grund von Mobbing nicht krankschreiben darf. Ich muss noch fast 2 Monate bis zum Mutterschutz rumkriegen. Was kann ich tun? Bitte helft mir, ich weiß echt nicht mehr weiter!!!!«

• Katja, 25. 5. 2002 , 21.02 Uhr:
»Ich hasse sie!!!! Nichts habe ich denen getan ... oder ich weiß es nicht! Schon wenn ich morgens in die Firma gehe, bekomme ich Panik und Angst! Diese Menschen nehmen auf meinen Schmerz keine Rücksicht. Hauptsache sie haben jemanden zum Quälen. Ich bin völlig am Ende, weil ich das einfach nicht mehr aushalte.«

• Thomas, 25. 5. 2002, 21.00 Uhr:
»Fühle mich so bedroht von diesen Leuten! Dauernd werde ich von denen fertig gemacht! Mir werden Schläge angedroht und das sogar unter Anwesenheit des Ausbilders! Ich bin verzweifelt. Fühle mich schwach! Habe ANGST! Doch was kann ich tun? Es melden? Nein, ich kann ja nichts beweisen und dann werden die mich noch mehr quälen. Am liebsten wäre ich tot, dann hätte ich meine Ruhe vor denen.«

• Elke 15. 5. 2002, 11.30 Uhr:
»Heute möchte ich sterben, aber ich bin zu feige! Ich brauche einen anderen Job, ein neues Leben. Doch ich finde keine andere Arbeit. Die wollen mich wirklich in den Selbstmord treiben. Sie brauchen jemanden, den sie quälen und fertig machen können, nur dann fühlen sie sich gut. Nichts kann ich beweisen, auch die Anrufe von heute, im 10 Minuten-Takt, nicht. Warum sind die so? Was haben die davon? Sind das noch Menschen? Ich bin am Ende!«

Gesundheitliche und soziale Folgen von Mobbing

»MOBBING ist eine der teuersten
Krankheiten, die es überhaupt gibt.«
(Dr. Rudolf Karazman, Arbeitspsychologe)

Mobbing bedeutet für das Opfer eine permanente Stresssituation. Wer ständig an seinem Arbeitsplatz angegriffen, kritisiert, beschimpft und aus der Gemeinschaft ausgegrenzt wird, verliert das Selbstvertrauen und wird von Ängsten und Selbstzweifeln geplagt. Als Folge sinkt seine Arbeitsleistung und er macht jetzt tatsächlich Fehler, die ihm früher nicht unterlaufen wären. Damit liefert er den Mobbern neue Munition, die sie mit Wonne auf ihn abfeuern. Seine Unsicherheit steigt, die Fehler häufen sich – ein Teufelskreis, aus dem er nicht mehr herauskommt.

Irgendwann reagieren Körper und Seele mit Krankheiten auf den ständigen Druck. Ändert sich die Situation nicht und sieht das Opfer keinen Ausweg mehr, endet Mobbing im schlimmsten Fall mit einem Nervenzusammenbruch, Einweisung in eine Klinik oder gar Freitod. Bevor es so weit kommt, haben die Betroffenen dann nicht selten eine monatelange Odyssee von Arzt zu Arzt hinter sich. Behandelt wurden immer nur die Symptome, ohne dass eine wirkliche Besserung eintrat. Oft erkennen die Mobbingopfer selbst nicht oder zu spät den Zusammenhang zwischen ihren Beschwerden und ihrer Situation am Arbeitsplatz. Sie sprechen nicht mit ihrem Arzt darüber. Solange eine Krankheitsursache weiterhin wirkt, ist jedoch keine dauerhafte Heilung möglich.

Mögliche körperliche Beeinträchtigungen durch Mobbing:

- Schlafstörungen (Ein- und Durchschlafstörungen)
- Migräne
- Übelkeit
- Erbrechen
- Appetitlosigkeit
- Sodbrennen
- Magen- und Darmprobleme (Durchfall)
- Kopfschmerz/Migräne
- Verspannungen der Muskulatur (Rücken- und Muskelschmerzen)
- Herz-Kreislauf-Probleme

Zu den psychischen Folgen zählen vor allem:

- Gedächtnisstörungen, Konzentrationsmangel
- Selbstzweifel, Unsicherheit
- Depressionen, Angstgefühle, Weinkrämpfe
- Verzweiflung, Selbstmordgedanken
- Albträume
- aggressive Stimmungen, Gereiztheit
- Hektik, Ruhelosigkeit

- Hypersensibilität (übergroße Empfindlichkeit)
- Grübelzwang

Folgen für das soziale Verhalten:

- Verlust des Selbstvertrauens
- Verlust von Optimismus
- Konflikt-/Problemlösungsfähigkeit ist gestört
- Minderung der Kommunikationsbereitschaft
- Auftreten von negativen Verhaltensweisen

Wie Mobbing Familienleben und Freizeit beeinträchtigt

Endlich Wochenende! – Diese Worte dürften an jedem Freitagnachmittag der häufigste Stoßseufzer in den Büros und Betrieben sein. Aller berufliche Ärger, Stress und Hektik bleiben für zwei Tage hinter dem Werkstor zurück. Zeit für die Familie, für Freunde und Hobby – wunderbar! Doch das gilt leider nicht für alle.

Mobbingbetroffene kennen oft kein Wochenende. Gerade sie, die mehr als andere jeden Feierabend, jedes Wochenende herbeisehnen, kommen in ihrer Freizeit nicht zur Ruhe. Auch außerhalb ihres Arbeitsplatzes dreht sich ihr ganzes Denken gebetsmühlenartig um ihre missliche Situation. Ihr Geist sucht ständig nach Lösungen. Das belastet vor allem hilflose Angehörige, die nicht wissen, wie sie mit dem veränderten Verhalten des Partners/Vaters umgehen sollen:

- Überempfindliche, ungerechte Reaktion bei kleinsten Anlässen
- Ständige Arzt- und Facharztbesuche auf Grund zahlreicher psychosomatischer Beschwerden
- Krankschreibung und damit häufige Anwesenheit im Haus (der Betroffene fällt seiner Familie auf die Nerven)
- Depressive Stimmung, Gereiztheit und Antriebslosigkeit führen zu Eheproblemen
- Kontakte zu Verein und Freundeskreis werden aufgegeben. Der Betroffene verkriecht sich nur noch zu Hause.
- Kein Interesse an Unternehmungen oder Freizeitaktivitäten

- Der Betroffene verängstigt seine Familie durch die Schilderung von »Horrorszenarien« (Kündigung, Umzug, Ausgabeneinschränkungen, Hausverkauf usw.)

So passiert es oft genug, dass Ehe und Familie an Mobbing zerbrechen.

Teil 3
MOBBINGBEWÄLTIGUNG

Ein Problem zu lösen ist die
beste Art, es loszuwerden.
(Brendan Francis)

In den vorangegangenen Kapiteln ging es vor allem darum, Mobbing zu erkennen und zu begreifen. Dazu wurden Täter- und Opferprofile erstellt, Fallbeispiele aufgezeigt und Reaktionsmöglichkeiten genannt. Hier sei noch einmal angemerkt: Die wirkungsvollste Methode, Mobbing zu begegnen, ist Mobbing früh und energisch zurückzuweisen. Ein kleiner Zimmerbrand lässt sich leicht ersticken. Wartet man damit, bis die Flammen aus dem Dachstuhl schlagen, bleibt nach den Löscharbeiten ein zerstörtes Haus zurück. Die Renovierung ist zeitaufwändiger und teurer, je länger die Flammen wüten konnten. Aber sie ist noch immer möglich.

Versuchen Sie das Bild des zerstörerischen Feuers auf Ihre Situation zu übertragen. Vertrauen Sie sich selbst und vertrauen Sie den Menschen, die Ihnen helfen können, der Mobbingfalle zu entkommen. Denken Sie aber auch daran, dass es gegen Mobbing kein Patentrezept gibt. Wenn es einen Königsweg gäbe, wäre dieses Buch nicht geschrieben worden. Jeder Fall ist spezifisch und kann mit anderen Fällen kaum verglichen werden. Die jeweilige Mobbingsituation hängt von den Gegebenheiten des Arbeitsumfeldes und der am Mobbing als Opfer und Täter beteiligen Personen ab. Somit sollten Sie aus den nachfolgenden Seiten eine Auswahl treffen, die Ihnen in Ihrer Mobbingsituation am besten hilft.

Überprüfen Sie Ihr eigenes Verhalten

Es ist allen Menschen gegeben,
sich selbst zu erkennen
und vernünftig zu sein.
(Heraklit, griechischer Philosoph)

Sie sind für sich selbst verantwortlich

Mobbing eskaliert nicht von heute auf morgen. Da sind am Anfang oft nur Sticheleien, kleine Bösartigkeiten oder dumme Witze. Der eine reagiert darauf mit Schulterzucken, der andere fühlt sich durch jedes falsche Wort sofort angegriffen. Und so machen (spätere) Mobbingopfer oft Fehler, die sich vermeiden lassen.

Jeder Mensch trägt die Selbstverantwortung für sein seelisches und körperliches Wohlbefinden. Dazu gehört auch, eigenes Denken und eigene Verhaltensweisen zu hinterfragen. Diese sind oft der »Haken«, an dem Mobber unfaire Attacken festmachen. Ich weise hier auf die genannten 45 Mobbinghandlungen nach Professor Leymann hin. Empfindliche Naturen sprechen gern vorschnell von Mobbing, wenn sie sich einer dieser Handlungen ausgesetzt sehen. Leymann definiert Mobbing jedoch als »eine Reihe von negativen, kommunikativen Handlungen während eines längeren Zeitraums«. Im Klartext: Wer einmal von seinem schlecht gelaunten Chef ungerechtfertigt angebrüllt wird, ist kein Mobbingopfer.

Erkennen Sie Ihre Schwächen

Falsch ist es, sich selbst und seine Fähigkeiten zu unterschätzen. Wer sich selbst nichts zutraut, dem trauen andere auch nichts zu. Ebenso falsch ist es, sich zu überschätzen. Wir sind nicht so, wie wir uns selbst sehen. Die Kollegin X. hält sich für sehr hilfsbereit. Alle andern halten sie schlicht für aufdringlich. Der Kollege X. ist stolz darauf, wie genau und exakt er arbeitet. Die anderen nennen das kleinkariert.

Die Beispiele zeigen, dass unser Selbstbildnis nicht mit dem Bild übereinstimmt, das unsere Mitmenschen von uns haben. Daraus resultieren auch im Berufsalltag viele Missverständnisse. Ist das Betriebsklima in Ordnung, werden die Missverständnisse angesprochen und geklärt. Haben Sie ein offenes Ohr, wenn ein Kollege mit Ihnen das Gespräch sucht. Versetzen Sie sich in seine Lage. Versuchen Sie die gegen Sie vorgebrachte Kritik aus seiner

Sicht zu sehen. Prüfen Sie objektiv, ob die Kritik berechtigt ist. Weisen Sie Vorwürfe nicht gleich empört zurück. Sonst besteht die Gefahr, dass Sie künftig von Ihren Kollegen kein Feed-back (engl.: Rückmeldung) mehr erhalten. Damit schwelt ein Konflikt, aus dem sich Mobbing entwickeln kann. Umgekehrt sollten Sie Kollegen genauso ansprechen, mit denen Sie Probleme haben.

Persönlichkeitstest

Nachfolgend ein kleiner Test, mit dem Sie sich besser kennen lernen. Die aufgeführten gegensätzlichen Eigenschaften sollten von Ihnen selbst und je einmal von Ihrem Partner/Partnerin und einem guten Freund/Freundin ehrlich angekreuzt werden. (Dazu müssten Sie die kleine Tabelle für jeden der Beteiligten kopieren oder mit ein paar Strichen aufzeichnen, damit niemand durch Bewertung der anderen beeinflusst wird.)

negative Eigenschaften	*sehr*	*weniger*	*weder / noch*	*weniger*	*sehr*	*positive Eigenschaften*
aggressiv		X				friedliebend
oberflächlich			X			sorgfältig
unsicher	X					sicher
selbstsüchtig				X		hilfsbereit
träge		X				dynamisch
autoritär			X			kooperativ
schwach		X				stark
unberechenbar					X	berechenbar
unzuverlässig			X			zuverlässig
erfolglos				X		erfolgreich

So werten Sie den Test aus: Verbinden Sie alle Kreuzchen. Im Allgemeinen wird eine zickzackförmige Linie entstehen, die Ihrem Persönlichkeitsprofil entspricht. Vergleichen Sie das von Ihnen selbst erstellte Profil und die beiden fremd erstellten Profile. Aus den Abweichungen ersehen Sie, wie stark Ihr Selbstbildnis von dem Bild abweicht, das sich andere von Ihnen machen.

Wenn Sie möglichst viel über sich selbst erfahren möchten, können Sie die Tabelle um beliebige Eigenschaften erweitern (unfähig – fähig; traurig – fröhlich; entspannt – verkrampft usw.). Lassen Sie weitere Profile von z. B. einem Kollegen erstellen. So erhalten Sie einen umfassenden Eindruck davon, wie andere Sie sehen. Je größer dabei die Unterschiede zu Ihrer eigenen Meinung über sich sind, umso mehr sollten Sie bemüht sein, eventuelles Fehlverhalten zu überdenken.

Versuchen Sie nicht, es allen recht zu machen

Auch der Bravste kann es nicht allen und jedem recht machen. Schon gar nicht im Berufsleben. Sicher ist es der bequemere Weg, Konflikten stets aus dem Weg zu gehen. Hin und wieder mag auch zutreffen, dass der Klügere nachgibt. Weitaus öfter gilt jedoch: Ein Kluger, der immer nachgibt, ist am Ende der Dumme.

Für Menschen, die es allen recht machen wollen, kommt jede Ablehnung ihrer Person einer Katastrophe gleich. Sie wollen sich jedoch ihre Schwäche – die Mimosenhaftigkeit – nicht eingestehen. Stattdessen fühlen sie sich von Gott und der Welt unverstanden. Sie ziehen sich zurück, schweigen beleidigt, igeln sich ein. Das Schweigen wird nicht selten als Arroganz interpretiert und ruft potenzielle Mobber auf den Plan.

Fühlen Sie sich gemobbt und erkennen Sie in dem eben Gesagten Parallelen zu Ihrem eigenen Verhalten? – Arbeiten Sie an sich, ändern Sie Ihre Einstellung. Versuchen Sie nicht länger, jeden Widerspruch als gegen Sie persönlich gerichtet zu sehen. Stecken Sie nicht den Kopf in den Sand, sondern vertreten Sie bei konträren Meinungen Ihren Standpunkt. Klären Sie die dabei entstehenden Konflikte, anstatt ihnen auszuweichen. Damit steigt Ihre Anerkennung im Kollegenkreis. Wer Stärke zeigt, wird nicht so leicht zum Opfer. Außerdem fühlen Sie sich in der eigenen Haut wohler, wenn Sie Ihren Groll nicht in sich hineinfressen.

Erzählen Sie nicht jedem, dass Sie »gemobbt« werden

Leider ist »Mobbing« in den letzte Jahren zu einem inflationären Begriff verkommen. Natürlich ist die Lage schlimm genug. Doch sie wird für Betroffene nicht dadurch besser, dass man jedes laute Wort als Mobbing bezeichnet. Kollege Meier schreit »Mobbing«, wenn der Chef ihn am Freitag kurz vor vier noch zu einem Kundenbesuch schickt. Kollegin Müller zetert laut »Mobbing«, weil sie irgendwelche Unterlagen nicht wiederfindet. Wirkliche Mobbingbetroffene könne darüber nur lachen, wenn sie denn überhaupt noch lachen können.

Erzählen Sie also nicht jedem, dass Sie gemobbt werden. Vorgesetzte reagieren oft geradezu abweisend, wenn ein Mitarbeiter ihn bittet einzugreifen, »weil ich gemobbt werde«. Das liegt mit daran, dass der Übergang zwischen einem normalen Konflikt und Mobbing fließend ist. Viele Chefs fühlen sich hier überfordert. Der tägliche Kleinkrieg im Büro, um den sich kein Vorgesetzter ständig kümmern kann, gehört zum Arbeitsalltag. Bei Mobbing muss ein Vorgesetzter jedoch einschreiten (§ 84 BetrVG / siehe Anhang). Das bedeutet Arbeit und Ärger, den sich vor allem schwache Führungskräfte gern vom Hals halten. Deshalb sollten Sie Ihre Beschwerde lieber anhand konkreter Beweise führen. Sehr hilfreich erweist sich dabei das Mobbingtagebuch, in dem Sie alle Attacken der Mobber aufgezeichnet haben.

Das gleiche gilt auch für »Bossing«. Erzählen Sie im Kollegenkreis nicht laut und mitleidheischend herum, dass Sie vom Chef gemobbt werden. Verbündete finden Sie so in den seltensten Fällen. Wenn die lieben Kollegen spitzkriegen, dass Sie auf der Abschussliste des Chefs stehen, wird man sich eher von Ihnen distanzieren. Besser ist es auch hier, Aufzeichnungen als Beweismaterial zu sammeln. Dazu sollten Sie versuchen, in Einzelgesprächen den einen oder anderen wohlgesonnenen Kollegen als Zeugen oder Verbündeten zu gewinnen.

Betrachten Sie sich nicht als »armes Opfer«

Als Mobbingbetroffener sollten Sie sich nicht selbst als Opfer sehen. Es hilft Ihnen nicht, wenn Sie Ihrem Spiegelbild ständig vorjammern, wie schlecht und ungerecht Sie behandelt werden. Selbstmitleid provoziert noch mehr Schikanen. Seien wir ehrlich: Wer ständig wehklagend und wie ein Häuflein Unglück an seinem Schreibtisch sitzt, verliert schnell auch noch die Sympathien der ihm wohlgesonnenen Kollegen.

Verhalten Sie sich nicht so! Natürlich ist das leichter gesagt als getan. Aber fragen Sie sich, was Selbstmitleid Ihnen bringt. Wer sich in eine Opferrolle flüchtet, hat kein sonderlich großes Selbstvertrauen mehr. Er bleibt passiv und wartet ergeben auf den nächsten Angriff. Dem Mobber laufen Sie in der wehleidigen Opferrolle nicht davon. Sie laufen nur vor Ihrer Selbstverantwortung davon. Damit schaden Sie sich.

Gegenmobbing ist keine Lösung

Hundert Mal haben Sie dem Mobber schon gesagt, er solle Sie in Ruhe lassen. Doch er treibt es immer schlimmer. Jetzt haben Sie die Nase voll und zahlen mit gleicher Münze heim. Vielleicht haben Sie sogar Erfolg und Ihr Peiniger fühlt sich eingeschüchtert. Und weil Sie plötzlich überraschend Oberwasser bekommen, drehen Sie erst richtig auf. Nun zahlen Sie dem Mobber alles heim, was er Ihnen angetan hat …

Halt! Anstatt etwas gegen Mobbing zu tun, mobben Sie plötzlich selbst. Sie würden damit nur bestätigen, dass der Zweck die Mittel heiligt. Genau das haben Sie aber dem Mobber richtigerweise nicht zugestanden. Gegenmobbing darf nie eine Lösung sein. Damit stellen Sie sich nur selber ins moralische Abseits.

Widerstehen Sie der Versuchung, »innerlich« zu kündigen

Der Begriff »innere Kündigung« wurde bereits an anderer Stelle erklärt. Innere Kündigung als Schutzmaßnahme gegen Mobbing ist ein mögliches, aber schlechtes Mittel. Dienst nach Vorschrift, Ignorieren oder Aussitzen gehen zunächst einmal zu Lasten der Firma. Den betriebswirtschaftlichen Schaden tragen alle. Am meisten schadet der Mobbingbetroffene jedoch sich selbst. Er distanziert sich ja nicht nur von den Aufgaben seines Teams. Er gibt eigene Berufsziele auf, verzichtet eventuell auf Karriere und Beförderung. Nicht zuletzt bringt er sich durch schlechte Arbeitsleistung oder häufiges »Krankfeiern« auch bei ihm wohlgesonnenen Kollegen in Verruf. So schwächt er durch die innere Kündigung ungewollt seine eigene Position und stärkt die des Mobbers.

Mobilisieren Sie Ihre Wut

Wer unfaire Attacken über Monate oder Jahre ohne Gegenwehr hinnimmt, fühlt sich dem Angreifer weit unterlegen. In jeder Ohnmacht steckt aber auch Wut. Das Opfer unterdrückt seine Wut aus Angst, den Mobber noch mehr herauszufordern: »Ich ziehe dann ja doch nur wieder den Kürzeren!« – Falsch! Mobilisieren Sie Ihre Wut, statt sie zu verdrängen. Mobber ziehen ihre Befriedigung gerade daraus, dass ihr Opfer Angst vor ihnen hat. Wut verdrängt die Angst und reißt Sie aus Ihrer Demutshaltung. Zeigen Sie, dass Sie die unfairen Attacken nicht länger hinnehmen. »Bis hierher und nicht weiter, Herr Kollege!« Hauen Sie – nicht nur bildlich gesprochen – mit der Faust auf den Tisch: »Lassen Sie mich endlich in Ruhe, Frau Kollegin!«

Allerdings verleitet Wut auch dazu, Dinge zu tun oder zu sagen, mit denen Sie sich schaden können. Hier gilt es, nicht blindwütig zurückzuschlagen, sondern die Wut kontrolliert herauszulassen.

Angst macht wehrlos

Es sind nicht die Dinge,
die uns beunruhigen,
sondern unsere Sicht der Dinge.
(Epiktet, griech. Philosoph)

Angst vor Verlust, Krankheit und Tod gehört zu unserem Leben. Diese reale (normale) Angst ist eine durchaus sinnvolle Reaktion. Es ist wichtig, reale Angst nicht zu unterdrücken. Sie bewahrt uns davor, Dinge zu tun, mit denen wir uns selbst gefährden.

Grundlose Angst schützt uns dagegen nicht. Sie liefert uns aus, macht uns wehrlos. Erinnern Sie sich an die Parabel von dem Kaninchen und der Schlange? Das Kaninchen ist viel schneller als die Schlange. Es braucht nur wegzulaufen, um zu entkommen. Und doch bleibt es, vor Angst wie erstarrt, sitzen und wartet auf den Todesbiss der Schlange.

Wer über lange Zeit bösartigen Mobbingangriffen ausgesetzt ist und sich nicht wehrt, gerät zunehmend in die Rolle des Kaninchens. Das Selbstwertgefühl ist zerstört und alle möglichen Ängste lähmen ihn.

- Er fühlt sich von Feinden umzingelt.
- Er hat Angst, zu versagen.
- Er fühlt sich nicht anerkannt.
- Er weicht Veränderungen aus.
- Er hat Angst, sich zu blamieren.
- Er fühlt sich machtlos.
- Er hat Angst, Entscheidungen zu treffen.
- Er fühlt sich missverstanden.
- Er hat Angst, »Nein« zu sagen.
- Er hat Angst, Verantwortung zu übernehmen.

Die Aufzählung ließe sich fortsetzen. Grundlose Ängste können sich zu einer Psychose entwickeln. Der Betroffene ist »krank vor Angst« und leidet unter Panikattacken. Sein ganzes Denken dreht sich nur noch um die Frage, was als Nächstes schief geht.

Menschen, die unter übergroßen Ängsten leiden, kapseln sich gern ab. Sie ziehen sich von ihrer Umwelt zurück, sind verbittert, zwiegespalten. Kritik nehmen sie sich mehr zu Herzen als andere. Sie lassen sich leicht einschüchtern. Sie fühlen sich von Kollegen verfolgt, vom Chef benachteiligt. Oft nehmen sie Tabletten oder trinken Alkohol, um die täglichen Belastungen an ihrem Arbeitsplatz durchzustehen. Weil sie ständig über sich und ihre (vermeintlichen oder tatsächlichen) Probleme grübeln, gehören solche Menschen zu den bevorzugten Mobbingopfern.

Stoppen Sie die Angst

Wer bereits an einer Angstpsychose erkrankt ist, braucht unbedingt ärztlichen und therapeutischen Beistand. Weigern Sie sich nicht aus Stolz oder Scham, professionelle Hilfe in Anspruch zu nehmen. Namen von Fachärzten im Bereich Psychotherapie erhalten Sie bei Ihrer Krankenkasse. Auch im Anhang dieses Buches finden Sie Hinweise, an wen Sie sich wenden können.

So weit muss es jedoch nicht erst kommen. Viele Menschen leiden unter diffusen Ängsten, die sie nicht wirklich benennen können. Da ist manchmal ein Gefühl innerer Unsicherheit, ein Anflug von Depression und die Angst, »es« nicht mehr zu schaffen. Am Anfang der Spirale sind die Ängste noch klein und lassen sich verdrängen. Doch sie kehren zurück und beginnen mehr und mehr das ganze Leben zu beherrschen.

Es sind also Ihre Gedanken, die Ihre Gefühle beeinflussen und Ihre Angst auslösen. Lernen Sie Ihre Gedanken zu kontrollieren und in andere Bahnen zu lenken, weg von der Angst. Die aufgezeigten Strategien helfen Ihnen, die Angstspirale zu stoppen.

- Notieren Sie immer wiederkehrende Gedankengänge, bei denen Sie Anspannung und Angst verspüren. Analysieren Sie Ihre Angst. Wovor haben Sie konkret Angst? Vor Überforderung? Vor dem Chef? Vor den Kollegen? Oder ist Ihre Angst nur allgemein, nicht zielgerichtet? Wenn Sie aber vor nichts Bestimmtem Angst haben, warum haben Sie dann Angst?
- Schließen Sie nicht aus früheren negativen Erfahrungen, dass es diesmal genauso sein wird. Bleiben Sie in der Gegenwart und prüfen Sie neue Aspekte. Sie werden feststellen: Diesmal ist doch alles ganz anders.
- Lassen Sie sich weder von Gerüchten noch von eigenen ungeprüften Annahmen verunsichern. Wenn Sie unbestätigte »Katastrophenmeldungen« nicht einfach beiseite schieben können, analysieren Sie: »Kann das wirklich so passiert sein? Wenn es denn wahr ist, betrifft es mich überhaupt?«
- Befürchten Sie nicht stets das Allerschlimmste, wenn etwas schief geht: »Jetzt ist alles aus, alles bricht zusammen!« Katastrophenvorstellungen potenzieren die Angst. Denken Sie positiv: »Ist nicht so schlimm. Das kriege ich wieder hin!«

- Halten Sie sich nicht an einer negativen Logik fest: »Das muss ja so kommen. Das ist doch vorauszusehen, weil ...!« Wenn etwas vorauszusehen ist, besteht auch die Möglichkeit, noch lenkend in den Prozess einzugreifen, um das gefürchtete Chaos zu mildern oder zu verhindern.
- Vermeiden Sie Worte wie »immer«, »nie«, »sowieso« usw. Denken Sie nicht schwarz oder weiß, alles oder nichts. Differenzieren Sie. Seien Sie gegenüber sich und anderen tolerant. Finden Sie Alternativen. Die Welt besteht nicht nur aus gut oder böse. Es gibt viele Zwischenstufen.
- Werten Sie sich nicht selbst ab, wenn Sie Angst vor einer neuen Aufgabe haben: »Ich bin unfähig, zu schwach, zu alt!« Angst ist umso größer, je kleiner das Selbstwertgefühl ist. Erinnern Sie sich daran, wie viel weitaus schwierigere Aufgaben Sie in Ihrem Leben schon gemeistert haben. Sagen Sie sich: »Ich schaffe es auch diesmal. Überhaupt kein Problem.«

Was Sie noch gegen Ihre Angst tun können

Angst beflügelt die Angst. Um den Teufelskreis zu durchbrechen, ist es wichtig, sich abzulenken. Schaffen Sie sich Freiräume, in denen die Angst keinen Platz hat. Legen Sie sich ein Hobby zu. Malen, dichten oder musizieren Sie in Ihrer Freizeit. Züchten Sie Rosen, wandern Sie mit Ihrem Partner und Freunden durch die Natur, treiben Sie Sport.

Ärzte und Psychologen empfehlen bei Angstzuständen eine Ernährungsumstellung. Wenig Fleisch, mehr vegetarische Kost. Obst, Gemüse, Säfte. Nikotin sollte tabu sein. Steigen Sie von Kaffee auf Tee um. Gegen ein Gläschen Wein hin und wieder ist nichts einzuwenden. Bei Alkohol besteht jedoch die Gefahr, das Maß zu verlieren. Im Moment entspannt Alkohol und vertreibt die Angst. Doch wie bei jeder Droge braucht der Körper immer größere Mengen, damit die erhoffte Wirkung eintritt – der direkte Weg in die Sucht. Deshalb sollten Sie nie Alkohol trinken, um Ihre Ängste zu bekämpfen.

Stress begünstigt Mobbing

Mobbing und Stress am Arbeitsplatz stehen in enger Verbindung. Wer stressgeschädigt ist, wird leichter zum Mobbingopfer, aber auch zum Mobber. Unter Dauerstress sind irgendwann die Leistungsreserven erschöpft. Der Gestresste ist psychisch und physisch am Ende. Innerlich leer und ausgebrannt, schafft er seine Arbeit nicht mehr und macht Fehler. Stress kann die Funktionen von wichtigen Körperorganen stören. Magenentzündungen und Zwölffingerdarmgeschwüre sind nur die bekanntesten Gesundheitsbeeinträchtigungen als Folge von Stress.

Stress ist eine Alarmbereitschaft des Körpers, die durch die Hormone Adrenalin und Noradrenalin ausgelöst wird. In Stresssituationen werden wir unruhig und nervös. Der Blutdruck geht nach oben, die Herzfrequenz steigt, die Atmung beschleunigt sich.

»Guter« Stress, der Eustress, gehört zum erfüllten Leben. Beim ersten Treffen ist der gut aussehende junge Mann für das Mädchen genauso ein Eustressor wie das Aktenbündel für den ehrgeizigen und tatenhungrigen Managernachwuchs. So treibt uns Eustress auch zu Höchstleistungen im Sport.

»Schlechter« Stress, der Disstress, entsteht durch starke psychosoziale Belastung. Seien es Probleme in der Partnerschaft, der Verlust eines geliebten Menschen oder eben Schwierigkeiten im Beruf.

Neid, Ärger, Hass und Intrige am Arbeitsplatz sind gefährliche Stressoren, die das Gleichgewicht des vegetativen Nervensystems empfindlich stören. Der Körper speichert die Bilder, die mit diesen gelebten negativen Gefühlen verknüpft sind. Jede vergleichbare Situation erzwingt die Wiederholung der Stressreaktion, die nach längerer Zeit gesundheitsbedrohende Ausmaße annimmt. Hektik und Zeitdruck, missgünstige Kollegen, cholerische Chefs und »just-in-time-Produktion« setzen uns permanent unter Druck. Jeder reagiert jedoch anders auf Stress. Entscheidend ist, wie man damit umgeht.

Die nachfolgenden Stressprofile sind im tägliche Umgang mit Kolleginnen und Kollegen nicht immer so eindeutig zu identifizieren, wie hier aufgezeigt. Es gibt Mischtypen. Auch wenn Sie Ihr eigenes Stressverhalten zuordnen, werden Sie sich vielleicht eher als Mischtyp erkennen.

Typus Nr. 1: Er ist ein Lebenskünstler. Extrovertiert und gut gelaunt steckt er jede Art von Stress schnell weg. Stets hat er ein Lächeln auf den Lippen, und übermäßiger beruflicher Ehrgeiz ist ihm fremd. Auf viele wirkt er oberflächlich, da auf ihn in schwierigen Situationen nicht unbedingt Verlass ist. Er taugt weder als Mobber (Er will eigentlich niemandem etwas Böses) noch als Mobbingopfer (weil alles an ihm abprallt). Stressbedingte vegetative Störungen wie einen »Reizmagen« kennt er nicht.

Typus Nr. 2: Äußerlich ist er oft ein ruhiger, introvertierter Zeitgenosse. Er friss jeden Konflikt und allen beruflichen Stress in sich hinein. Er wehrt sich nie, lässt seinen Ärger nicht heraus. Tabletten gegen Magenbeschwerden sind seine ständigen Begleiter. Von Kollegen oder vom Chef fühlt er sich ungerecht behandelt und nicht anerkannt. Gern entwickelt er zwanghafte Verhaltensweisen, die von anderen belächelt werden (schließt jedes Mal seinen Schreibtisch ab, wenn er zur Toilette geht; dreht seinen Computerbildschirm stets so, dass kein anderer ihn einsehen kann; die Art, wie er sein Frühstücksbrot auspackt, gleicht einem religösen Ritual usw.). Stress führt diesen Typus dazu, sich abzusondern und sich selbst aus dem Team auszuschließen. Das macht ihn zum bevorzugten Mobbingopfer.

Typus Nr. 3: Er ist im Team als Streber verschrien und fordert durch sein unkollegiales Verhalten Mobbing heraus. Doch er mobbt auch selbst, wenn jemand schwächer ist als er. Sein Lebensinhalt ist die Arbeit, der Herzinfarkt nur eine Frage der Zeit. Er ist unfähig, die schönen Dinge zu genießen und Gefühle auszuleben. Er flüchtet geradezu in den Stress. Nach Feierabend nimmt er unerledigte Akten mit nach Hause, und selbst im Urlaub auf Mallorca sitzt er mit seinem Notebook unter einem Sonnenschirm und arbeitet für die Firma. Er findet sich einfach unersetzbar und kann sich nicht entspannen.

Typus Nr. 4: Dieser Stresstypus ist extrovertiert, cholerisch, dominant und egozentrisch. Er erleidet oft schon in mittleren Jahren einen Herzinfarkt. Wie der Streber wird er von Prestige- und Leistungsgedanken vorwärts getrieben. Seine Stimmungen schwanken extrem und seine Emotionen hat er nicht unter Kontrolle. Er steht ständig unter Strom, ist aggressiv und mobbt sofort, wenn sich ihm jemand in den Weg stellt.

Typus Nr. 5: Ein sensibler Stresstyp mit wenig Selbstvertrauen. Seine starken Stimmungsschwankungen machen ihn angreifbar, aber auch zum Angreifer. Heute himmelhoch jauchzend, morgen zu Tode betrübt. Einmal bezichtigt er sich selbst der Unfähigkeit, beim nächsten Mal macht er Gott und die Welt für seine Fehler verantwortlich. Er hat von jedem Typus (außer Typus 1) etwas in sich. Unter den Sensiblen gibt es wahre Unschuldslämmer, aber auch Egozentriker und Intriganten. Manchmal sind kleinste Probleme für ihn ein Desaster. Extremem Stress (z. B. durch Verlust des Arbeitsplatzes) ist dieser Stresstyp nicht gewachsen. Depressionen, Suizidgedanken, schwere Neurosen sind die Folge.

So werden Sie mit Stress fertig

Analysieren Sie Ihren Persönlichkeitstypus anhand der obigen Beschreibung. Stressursachen lassen sich oft nicht abstellen. Wenn Sie jedoch Ihre Stressgefährdung kennen, versuchen Sie die Gefahr für sich zu minimieren, indem Sie Ihr Leben anders organisieren.

- Lernen Sie, sich psychisch und körperlich zu entspannen. Entspannung und Meditation wecken die verborgenen oder verschütteten psychisch-geistigen und körperlichen Kraftreserven. (Anmerkung: Im Rahmen dieses Buches ist es nicht möglich, umfassend auf Meditations- und Entspannungstechniken einzugehen. Entsprechende Kurse bieten z. B. die Volkshochschulen.)
- Legen Sie nach einer Phase ungewöhnlich starken Arbeitsstresses ein paar Tage Urlaub ein. Wenn das nicht möglich ist, schalten Sie auf jeden Fall für einige Zeit Ihr Arbeitstempo deutlich zurück.

- Treiben Sie Sport. Besuchen Sie kulturelle Veranstaltungen. Führen Sie Gespräche mit guten Freunden. So laden Sie Ihre »Batterie« wieder auf. Die Zeit, die Sie dadurch verlieren, holen Sie leicht wieder ein. Wenn Sie sich die Zeit nicht nehmen, wird Ihre Leistungskraft vielleicht auf Dauer gemindert – nicht zu reden von möglichen Stresskrankheiten.
- Stehen Sie schon länger unter starkem Stress, verordnen Sie sich wenigstens eine kleine Auszeit. Oft findet man nach einer kurzen Pause plötzlich Problemlösungen, an die man vorher nicht gedacht hat.
- Versuchen Sie nach der Phase der Entspannung zu durchdenken, wie Sie mit künftigen Stresssituationen (die ganz sicher kommen werden) besser umgehen könnten.
- Gehören Sie zum zweiten oder fünften Persönlichkeitstypus, lernen Sie, sich durchzusetzen. Starten Sie mit einem Versuch: Sagen Sie beim nächsten Konflikt laut Ihre Meinung. Schreien Sie zurück, wenn Ihr Kollege oder der Chef Sie anschreit. Tun Sie etwas, das man Ihnen nicht zutraut. Sie werden über Reaktionen und plötzliches Entgegenkommen erstaunt sein – und auch darüber, wie Ihre psychisch-körperliche Widerstandskraft wächst.

So wehren Sie sich erfolgreich gegen Mobbing – ein 3-Stufen-Plan

1. Bewältigungsstufe: Analyse und Strategie

Sie können etwas gegen Mobbing tun

Vielleicht haben Sie schon alle Hoffnung auf Besserung Ihrer Lage verloren und fühlen sich Ihren Peinigern nur noch hilflos ausgeliefert. Fassen Sie Mut! Sie müssen und Sie können sich wehren. Warten Sie nicht, bis Sie ernstlich erkranken. Hoffen Sie auch nicht darauf, dass die Mobber freiwillig Einsicht zeigen und Sie in Ruhe lassen. Sie werden es nicht tun. Deshalb müssen Sie aus Ihrer Defensive herauskommen. Sicher, das sagt sich so leicht. Aber es gibt keinen anderen Weg. Sie müssen handeln, wenn sich Ihre

Situation verbessern soll. Erst dann können Sie auch auf Hilfe von außen, durch wohlwollende Kollegen, Vorgesetzte und Personalvertreter hoffen. Wer nur leidet und sich stumm in ein ungerechtes Schicksal fügt, bekommt keine Hilfe. Also packen Sie's an. Sie können etwas gegen Mobbing tun.

Gehen Sie die Lösung Ihres Mobbingproblems sofort an

Der erste Schritt aus der Mobbingfalle ist der schwerste. Deshalb gehen Sie die Lösung Ihres Mobbingproblems sofort an. Nicht erst übermorgen oder in einer Woche.

Viele Mobbingopfer stecken in einem Teufelskreis aus Ohnmacht, Verzweiflung, Verzagtheit. Seelisch und körperlich geht es ihnen schlecht, und sie glauben keine Kraft mehr zu haben. Das führt dazu, dass sich Betroffene irgendwie mit ihrer Situation arrangieren. Um zu überleben, gehen sie den Weg des geringsten Widerstands. Sie ziehen den Kopf ein, ducken sich und schlucken herunter, was man ihnen antut.

Ist die Mobbingsituation bereits so weit eskaliert, ist es für den Betroffene unglaublich schwer, ihr noch zu entkommen. Am Ende steht der psychische und physische Zusammenbruch. Auch das Privatleben leidet. Mobbingopfer verändern sich, und für den Partner ist man nicht mehr der, den er einmal geheiratet hat.

Damit es nicht so weit kommt, muss für Sie die Lösung Ihres Mobbingproblems an erster Stelle stehen. Bedenken Sie, was Sie aufs Spiel setzen, wenn Sie Ihr Schicksal weiterhin fatalistisch hinnehmen. Gesundheit und berufliche Existenz sind gefährdet. Der Mobber nimmt Ihnen alle Handlungsfreiheit, er macht Sie vielleicht zum Gespött, zur Witzfigur. Er tritt Ihre menschliche Würde mit Füßen. Niemand gibt ihm dazu das Recht. Aber Sie haben das Recht und die Pflicht, sich zu wehren. Denn es ist Ihr Leben, das der Mobber kaputtmacht.

Erwarten Sie keine schnelle Lösung

Natürlich möchten Sie, dass die Mobbingangriffe sofort aufhören. Erwarten Sie jedoch nicht zu viel, denn von heute auf morgen wird sich Ihr Problem nicht lösen lassen. Sie brauchen Zeit, Ihre Lage zu analysieren, eine Gegenstrategie zu entwickeln und sich Verbündete zu suchen. Je nachdem, wie schwerwiegend Ihre Mobbingsituation ist, rechnen Sie mit 1–3 Monaten.

Stellen Sie sich also darauf ein, dass die Mobbingangriffe zunächst weitergehen werden. So vermeiden Sie Enttäuschungen und Panikreaktionen. Doch wenn Sie die hier aufgezeigten Möglichkeiten zur Mobbingbewältigung konsequent nutzen und auf Ihre Situation anwenden, werden Sie der Mobbingfalle entkommen.

Analysieren Sie Ihre Lage

Gehören die kleinen Bosheiten des/der Kollegen zum üblichen Kleinkrieg am Arbeitsplatz? Oder sind sie der Beginn einer Mobbingkampagne? Ist es richtig, beim Chef gleich wegen sexueller Belästigung zu »petzen«, weil Sie eine anzügliche Grafik in Ihrem Mail-Briefkasten fanden? Sollen Sie sich darüber beschweren, dass ein Kollege sich heute schon wieder über Ihre Behinderung lustig machte?

Die Fragen lassen sich nicht einfach mit ja oder nein beantworten. Ziehen Sie den Kopf ein, heißt es bald: »Der/die lässt sich alles gefallen.« Potenzielle Mobber fordert diese Haltung erst recht heraus. Wehren Sie sich jedoch energisch, heißt es: »Der/die versteht keinen Spaß.« Auch das kann Mobber zu weiteren Handlungen animieren.

Der Tenor dieses Ratgebers ist: Wehret den Anfängen. Doch auch hier macht der Ton die Musik. Wer überheftig reagiert, zerschlägt unter Umständen Porzellan, das bis dahin nur einen kleinen Kratzer aufwies. Vielleicht wollte Sie ja niemand mobben. Es war wirklich nur ein blöder Scherz, und jeder schüttelt über Ihre Empfindlichkeit den Kopf. (Lesen Sie dazu auch das Kapitel: Die Mobbingphasen.)

Test: Werde ich gemobbbt?

Der Test hilft Ihnen zu erkennen, ob und inwieweit Sie bereits zum Mobbingopfer geworden sind. Geben Sie sich für jede der 12 Fragen, die Sie mit ja beantworten, einen Punkt und zählen Sie Ihre Punkte zusammen. Die Auswertung finden Sie am Ende des Tests.

- Man nimmt dienstliche Anregungen oder Einwände, die von Ihnen kommen, nicht zur Kenntnis, hört Ihnen nicht zu, unterbricht Sie ständig, lässt Sie nicht ausreden.
  ja ○ nein ○

- Wenn Sie den gemeinsamen Arbeitsraum betreten, verstummen die Gespräche.
  ja ○ nein ○

- Man verbreitet Lügen und Gerüchte über Ihr Privatleben. Man macht Ihnen gegenüber entsprechende Andeutungen oder abwertende und beleidigende Gesten.
  ja ○ nein ○

- Man äfft Ihre Art zu gehen oder zu sprechen nach. Sie sind behindert und man macht sich über Ihre Behinderung lustig.
  ja ○ nein ○

- Man greift Ihre religiöse oder politische Einstellung in beleidigender Weise an.
  ja ○ nein ○

- Ihre Arbeitsleistung wird ständig kritisiert, nicht anerkannt oder falsch beurteilt.
  ja ○ nein ○

- Von Ihrem Arbeitsplatz/Schreibtisch verschwinden immer wieder wichtige Werkzeuge oder Akten. Computerdateien wurden gelöscht.
  ja ○ nein ○

- Man gibt Ihnen kränkende Arbeitsaufgaben oder Arbeitsaufgaben, die weit unter Ihrem Können liegen (zum Beispiel Arbeiten, die sonst Auszubildende machen).
  ja ○ nein ○

- Man weist Ihnen Aufgaben zu, die Ihre Qualifikation übersteigen, um Sie hinterher als »unfähig« zu beschimpfen.
  ja ○ nein ○

- Man beschimpft oder bedroht Sie anonym am Telefon. Man schickt Ihnen beleidigende E-Mails oder SMS.
  ja ○ nein ○

- Man verdächtig Sie, psychisch krank zu sein.
  ja ○ nein ○

- Sie leiden unter gesundheitlichen Beschwerden (z. B. Magenbeschwerden, Herzrasen, Schweißausbrüchen, Händezittern, Schlafstörungen), für die der Arzt keine organischen Ursachen feststellen kann.
  ja ○ nein ○

Auswertung:
1–3 Punkte: Möglicherweise werden Sie gemobbt. Überdenken Sie jedoch noch einmal ganz objektiv Ihre Situation und seien bitte ehrlich zu sich selbst. In jeder Firma, an jedem Arbeitsplatz gibt es hin und wieder Missstimmungen und Meinungsverschiedenheiten. Oft kommt es nur darauf an, wie man damit umgeht. Vielleicht haben Sie gerade private Sorgen – mit Ihrem Partner, den Kindern – und reagieren deshalb im Moment auch gegenüber Ihren Kollegen zu empfindlich.

4–8 Punkte: Ihr Mobbingverdacht hat sich durch den Test bestätigt. Sie werden gemobbt, aber noch können Sie aus eigener Kraft gegensteuern. Analysieren Sie Ihr eigenes Verhalten und das Verhalten des Mobbers und wehren Sie den Anfängen.

8–12 Punkte: Sie werden massiv gemobbt und die Situation ist für

Sie unerträglich. Sie leiden sehr unter den gegen Sie gerichteten Schikanen am Arbeitsplatz. Sie brauchen Hilfe. Alleine kommen Sie da nicht mehr heraus.

Erkennen Sie Ihre Gegner

Bei Mobbing gibt es folgende Rollenbesetzung:

- Die Rolle des Opfers – der Gemobbte.
- Die Rolle des Täters – der Mobber.
- Die Rolle der Sympathisanten – Kollegen und Vorgesetzte.
- Die Rolle der neutralen Beobachter – Kollegen und Vorgesetzte.

Somit scheint die Forderung »Erkennen Sie Ihren Gegner« leicht zu erfüllen. Doch Vorsicht! Besonders perfide Mobber ziehen gern im Hintergrund die Fäden. Sie verbreiten Lügen, stacheln Kollegen auf. Diese begehen dann stellvertretend die direkten Mobbinghandlungen. Nicht selten wird Mobbing auch von oben gesteuert. Täter können mit dem stillen Einverständnis des Chefs agieren. Gegebenenfalls, z.B. bei Nachfragen von Betriebs- oder Personalrat, deckt der Vorgesetzte den Mobber (»In meiner Abteilung gibt es kein Mobbing«).

Fragen Sie sich: »Wer ist mein Hauptgegner?« Der Mobber, der Sie direkt angreift? Oder die »graue Eminenz« im Hintergrund? Um sich gegen Ihren Chef zu wehren, brauchen Sie eine andere Abwehrstrategie als gegen einen mobbenden Kollegen.

Finden Sie den eigentlichen Drahtzieher heraus. Verzetteln Sie sich nicht. Kämpfen Sie nicht gegen jeden, der Sie schief ansieht. Wenn Sie es schaffen, den Hauptübeltäter in seine Schranken zu weisen, werden auch Mitläufer und Sympathisanten Sie in Ruhe lassen.

Sympathisanten sind oft Opportunisten, die es überall gibt. Erst recht am Arbeitsplatz, wo Karriere und/oder Gehaltserhöhung oft vom Wohlwollen anderer abhängt. Der Opportunist heult mit den Wölfen, solange er daraus eigene Vorteile ziehen kann. Wenn der Chef Sie mobbt, ist er Ihr Gegner. Wenn der Chef Sie lobt, ist der Opportunist Ihr Freund. Erkennen Sie falsche Freunde und hüten sich vor ihnen.

Die Rolle des neutralen Beobachters ist nicht so klar, wie sie auf den ersten Blick erscheint. Er verhält sich wie ein neutrales Land, das im Krieg zwischen zwei Nachbarstaaten verhungernden Flüchtlingen an seiner Grenze die Einreise verweigert. Wer nicht hilft und wegsieht, macht sich mitschuldig. Gleichwohl finden Sie unter den neutralen Beobachtern am ehesten einen Verbündeten. Den einen oder anderen plagt nämlich das schlechte Gewissen.

Finden Sie Motive und Schwächen des Mobbers heraus

Sehen Sie als Betroffener nicht nur die Mobbinghandlungen, mit denen man Sie attackiert. Versuchen Sie die Gründe des Täters auszumachen. Warum mobbt er Sie überhaupt, und warum wendet er dazu dieses oder jenes Mittel an? Sie können sich besser wehren, wenn Sie Motive und Schwächen des Mobbers kennen. Die nachfolgende Typologie hilft Ihnen dabei.

Der Machtmensch
Hier sind häufig Vorgesetzte oder sonstige Weisungsberechtigte am Werk, die ihr übersteigertes Machtbedürfnis an Einzelnen auslassen. Ihre Spezialität: Unsachliche Kritik; Abwerten der Leistungen des Opfers; Leistung nicht zur Kenntnis nehmen, Zuweisung von unterfordernden Tätigkeiten. Machtmobber missbrauchen gern andere, die für sie das Mobbingopfer »fertig machen«. Zum Beispiel inszeniert der Machtmensch ein Tribunal und verkündet laut, dass nur die Faulheit des Opfers die ganze Abteilung in Verruf gebracht hat. So macht er den Gemobbten zum Sündenbock, auf dem alle herumhacken.

Der Angsthase
Der Angstmobber fühlt sich durch das Opfer bedroht. Zum Beispiel, weil der Kollege in der Abteilung etwas verändern will. Alles was diesen Tätertyp zwingen könnte, eingefahrene Gleise zu verlassen, macht ihm Angst. Da er auch Angst hat, in sachlichen Gesprächen den Kürzeren zu ziehen, mobbt er. Der Angstmobber fühlt sich selbst als Opfer, unverstanden und alleine gelassen. Deshalb fehlt ihm jegliches Unrechtsbewusstsein, wenn er alle ihm

zur Verfügung stehenden Mobbingmethoden anwendet, um sein Opfer in die Enge zu treiben.

Der Neidhammel
Der Mobber fühlt sich dem Opfer im Grunde unterlegen. Er neidet ihm Eigenschaften, die er selbst gern hätte: Erfolge, Titel, bessere Fachkenntnisse. Seine bevorzugten Mobbingmethoden: Lächerlichmachen; Gerüchte, die das Opfer abwerten; Rufmord; Sabotage der Arbeit des Opfers.

Der Sadist
Der Sadist ist ein Lustmobber. Ihm macht es schlicht Spaß, andere zu schikanieren. Lustmotiv und Machtmotiv gehen oft Hand in Hand. Sadisten streuen gern vage, nicht greifbare Gerüchte aus und benutzen so andere, um indirekt zu mobben. Zum Beispiel schüren sie die Angst des Angstmobbers, der dann für sie das Opfer attackiert.

Das Herdentier
Wie der Angsthase ist auch das Herdentier oft Opfer von Verführern (Machtmenschen und Sadisten). Nur in der Gruppe fühlt sich der Herdenmobber stark. Auf sich allein gestellt, erweist er sich als schwach und unsicher. Deshalb vermeidet er es, sich auf eine Diskussion mit dem Opfer einzulassen. Er ist leicht zu beinflussen und ordnet sich bereitwillig der Gruppennorm unter. Nicht selten tut er sich beim kollektiven Beschimpfen und Erniedrigen des Opfers hervor, um von der Gruppe anerkannt zu werden.

Entwickeln Sie eine Strategie

Vielleicht hilft es bei dem einen Mobber schon, wenn Sie ihm sagen: »Lass mich in Ruhe.« Vielleicht ist das aber auch nur Wasser auf seine Mühlen. Vielleicht stellt der andere seine Angriffe ja ein, wenn Sie ihm damit drohen, sich beim Chef zu beschweren. Vielleicht aber auch nicht. Sie sehen, »vielleicht« hilft Ihnen nicht wirklich weiter. Ihre spontanen Reaktionen, z. B. Wutausbrüche, Angst, Drohungen oder Gegenmobbing, können den Täter in die

Schranken verweisen. Sie können ihn aber auch erst recht herausfordern und die Lage verschlimmern.

Wie begegnen Sie also den Angriffen am besten? Sollen Sie sich einigeln? Standhalten? Zurückschlagen? Um sich erfolgreich zu wehren, brauchen Sie eine Strategie (griech.: Lehre von der Kriegführung). Erstellen Sie für sich einen strategischen Plan, in dem Sie vorausschauend mögliche Aktionen und Reaktionen der Beteiligten berücksichtigen. So sind Sie gegen Überraschungen gefeit und verlieren nicht beim ersten Rückschlag den Mut.

Denken Sie dabei an zwei Spieler, die sich an einem Schachbrett gegenübersitzen. Schachspieler sind gute Strategen. Sie wissen (oder ahnen zumindest), wie der andere reagieren wird. Sie denken voraus und haben stets einen »klugen Schachzug« parat, wenn ihr König angegriffen wird.

Auf Ihre Mobbingsituation übertragen heißt das: Sie müssen alle Faktoren in Erwägung ziehen, die in Ihrer speziellen Mobbingsituation eine Rolle spielen und spielen könnten. Die für die Entwicklung einer Strategie wichtigsten Kriterien wurden in vorausgegangenen Kapiteln genannt. Zusammengefasst heißt das, Sie müssen …

- … die eigenen Stärken und Schwächen kennen und nutzen.
- … die Stärken und Schwächen des/der Täter kennen und nutzen.

Welches ist die richtige Strategie?

Eine allgemein gültige Strategie gegen Mobbing gibt es nicht. Handelt es sich um einen Einzeltäter, so kann es vielleicht richtig sein, die Mobbingangriffe an die große Glocke zu hängen, wenn sonst nichts mehr hilft. So wurde der Fall einer 20-jährigen Praktikantin in einem norddeutschen Betrieb bekannt. Die junge Dame fühlte sich von einem verheirateten, viel älteren Kollegen massiv sexuell belästigt. Als ihre wütenden Zurückweisungen nichts fruchteten, brachte sie ein für jeden sichtbares Schild über ihrem Arbeitsplatz an. Aufschrift: HERR B. HAT MIR HEUTE 2 x AN DIE BRUST GEFASST. … MIR DIE UND DIE OBSZÖNITÄT ZUGEFLÜSTERT. … VERLANGT, DASS

ICH MIT IHM INS BETT GEHE ... Der Mobber sah sich plötzlich in der Defensive. Er war bloßgestellt, alle zeigten mit dem Finger auf ihn. Die Mobbingangriffe hörten sofort auf.

Eine andere Strategie ist es, den Täter lächerlich zu machen, wenn man seine Schwächen kennt und offen legt. Hier wird jedoch oft die Grenze zum »Gegenmobbing« überschritten. Aus Opfer und Täter werden zwei Täter, was letztlich zu keiner Lösung führt, sondern die Lage nur verschärft.

Manchmal kann es auch wirkungsvoll sein, den Mobber und seine fiesen Angriffe zu ignorieren. Vor allem in der Anfangsphase eines Mobbingprozesses. Das widerspricht nur scheinbar der Forderung »Wehret den Anfängen«. In Einzelfällen kann man sich auch durch Stillhalten wehren. Nach dem Motto »Augen zu und durch« sitzt der Betroffene jede unfaire Attacke aus. Er schaltet auf stur und signalisiert dem Täter, dass er ihn – pardon – mal kreuzweise kann. Der Mobber muss spüren, dass er auch durch noch so perfide Bösartigkeiten nichts mehr erreicht.

Bevor Sie sich jedoch für diese Strategie entscheiden, müssen Sie felsenfest von deren Richtigkeit überzeugt sein. Sie müssen wissen (nicht nur glauben!), dass Sie standhaft bleiben und sich nicht aus der Reserve locken lassen werden. Sie müssen davon überzeugt sein, dass der Mobber irgendwann aufgeben wird. Das heißt, bevor Sie diese oder eine andere Strategie anwenden, sollten Sie das Für und Wider abwägen. Nur wenn das Für deutlich überwiegt, hat Ihre Strategie Erfolg. Geben Sie mitten darin auf und bekommen doch plötzlich wieder einen Wutanfall oder Weinkrampf, hat Ihre Strategie versagt. Der Mobber triumphiert und wird Sie noch mehr malträtieren als vorher.

Fazit: Nehmen Sie sich Zeit und wägen Sie sorgfältig ab, welche Antimobbingstrategie für Sie die beste ist. Wenn Sie sich jedoch entschieden haben, zögern Sie nicht, sie konsequent gegen den Mobber anzuwenden. Sie werden merken: Sobald Sie eine Strategie entwickelt haben, wird sich Ihr Verhalten von Ihren bisherigen spontanen Reaktionen unterscheiden. Die Strategie ist ein Weg, den Sie sich selbst vorzeichnen. Sie lassen sich durch die Angriffe des Täters nicht länger manipulieren, indem Sie so verstört oder panisch reagieren, wie er es erhofft. Sie reagieren überlegt, halten Ihre Emotionen im Zaum und verunsichern so den Täter.

Reagieren Sie schlagfertig

Sie kennen das: Oft fallen einem die passenden Worte zu spät ein. Mobber suchen sich gern Menschen, die sich nicht spontan wehren können als Opfer: einen Kollegen, der ins Stottern kommt, eine Kollegin, die sofort in Tränen ausbricht. Worauf es ankommt, ist, kritische Situationen souverän zu meistern. Der Grund für mangelnde Schlagfertigkeit liegt oft darin, dass sich Menschen in unangenehmen oder ungewohnten Situationen unsicher fühlen. Wer unsicher ist, findet keine überzeugenden Gegenargumente.

Nachfolgend einige Tipps, wie Sie Ihre Schlagfertigkeit verbessern können. Sie ersetzen kein professionelles Training, wie es z.B. Volkshochschulen anbieten. Es lohnt, in eine entsprechende Schulung Zeit und ein wenig Geld zu investieren. Größere Schlagfertigkeit gibt Ihnen Selbstvertrauen und verunsichert den Mobber.

- Glauben Sie an Ihre Fähigkeiten

Viele Menschen sind nicht schlagfertig, weil sie glauben, nicht schlagfertig zu sein. Diese negative Einstellung zu sich selbst bestimmt auch das Verhalten zu ihrem Umfeld. Die eigene Einstellung ist ausschlaggebend für das Verhalten der anderen. Denken Sie positiv. Wenn jemand eine natürliche positive Ausstrahlung hat, wird er viel weniger mit Angriffen konfrontiert. Auch Lächeln kann Schlagfertigkeit sein. Denn: »Lächeln ist die eleganteste Art, dem Gegner (Mobber) die Zähne zu zeigen.«

- Schauen Sie dem Angreifer in die Augen

Wer andere freundlich, aber bestimmt anschaut, vermittelt den Eindruck eines Menschen, der weiß, was er will. Schauen Sie dem Mobber in die Augen, wenn er Sie beim nächsten Mal angreift. Wenn Sie Schwierigkeiten haben, Blickkontakt zu halten, hilft oft ein einfaches Training: Suchen Sie in Alltagssituationen Blickkontakt zu den Menschen. Auf der Straße, in der Bahn, in Kaufhäusern usw. Manchmal werden Sie sich dadurch in heikle Situationen bringen. Sehen Sie das als Lernprozess. Die ersten Erfolge stellen sich dann rasch ein.

- Trainieren Sie Ihre Stimme

Beherrschen Sie Ihre Stimme. Wenn Sie sich verbal gegen Mobbing wehren müssen, ist sie eine wichtige Waffe. Ausdruck verleiht man sich und seiner Stimme durch das Sprechtempo und die Stimmlage. Dabei ist die Lautstärke zweitrangig. Ihre Stimme sollte sich nie »überschlagen« oder hysterisch klingen. Wirkungsvoll ist es, langsam zu sprechen und am Ende eines Satzes mit der Stimme nach unten zu gehen. Beides lässt sich trainieren, indem man sich Texte vorspricht und seine Sprechversuche auf Band aufnimmt. Nach einiger Übung sollte man am Ausdruck seiner Stimme in so vielen Gesprächen wie möglich feilen. Wie »gut« Ihre Stimme geworden ist, merken Sie daran, dass Ihre Gesprächspartner Ihnen erhöhte Aufmerksamkeit schenken.

- Lernen Sie, Ihre Gefühle zu beherrschen

Die meisten schlagfertigen Menschen haben sich einen Panzer zugelegt. Er hilft Ihnen, in Angriffssituationen nicht die Kontrolle über sich zu verlieren und auszurasten. Sie können sich das nötige dicke Fell antrainieren, um einem Angriff des Mobbers besser zu begegnen. Eine einfache Methode: Sie konzentrieren sich auf die Frage, die Sie dem Angreifer stellen und nicht auf das, was er eben gesagt hat.

Übrigens: Wenn Ihnen bei unfairen verbalen Angriffen im Moment die Gegenargumente fehlen – schweigen Sie! Es ist allemal besser, mit hoch erhobenem Kopf den Raum zu verlassen, als herumzustottern und sich lächerlich zu machen.

Erwarten Sie kein Mitleid – verlangen Sie Respekt

Für den, der sich nicht anders wehren kann, liegt es nahe, an das Mitgefühl des Mobbers zu appellieren: »Bitte lassen Sie mich in Ruhe, ich halte das nicht mehr aus.« Es kann in wenigen Ausnahmefällen sein, dass der so Angesprochene betroffen reagiert, weil er sich der Tragweite seiner Mobbinghandlungen bis dahin nicht bewusst war. Im Allgemeinen ist es jedoch so, dass ein Opfer mit der Offenlegung seiner Gefühle nur noch mehr Angriffsfläche bietet.

Jammern nützt Ihnen nichts. Es zeigt anderen nur, wie hilflos Sie sich fühlen. Wer jammert, gilt als Verlierer. Verlierer gelten als pessimistisch, deprimiert, unfähig. Sieger gelten als optimistisch, motiviert, kompetent. Ob der machtbewusste karriereorientierte Sieger von allen geliebt wird, ist ihm nicht wichtig. Er wird jedoch bewundert und hat die »Massen« auf seiner Seite. Der Looser weckt selten Sympathien. Bestenfalls bedauert man ihn. Doch je mehr er jammert, umso weniger mag man ihn.

Zielen Sie also nicht auf Mitleid, um Ihre Mobbingsituation zu verbessern. Verlangen Sie Respekt. »Nicht mit mir! Bis hierher und nicht weiter!« Lehnen Sie sich auf, setzen Sie Grenzen.

Schätzen Sie die Reaktion des Mobbers richtig ein

Grundsätzlich können Sie davon ausgehen, dass dem Angreifer an keiner Lösung in beiderseitigem Interesse gelegen ist. Ihre Gegenwehr löst bei ihm jedoch ganz sicher Reaktionen aus. Entweder ...

- ... die Angriffe lassen nach. Frohlocken Sie nicht zu früh. Vielleicht ist der Mobber nur für kurze Zeit verunsichert, weil er nicht mit Ihrer plötzlichen Gegenwehr gerechnet hat. So schnell wird er nicht aufgeben. Seien Sie weiterhin wachsam, halten Sie an Ihrer Strategie fest. Gleichzeitig sollten Sie über ein Friedensangebot an den Mobber nachdenken. Um eine Mobbingsituation dauerhaft zu bereinigen, bedarf es einer konstruktiven, sachliche Aussprache. Fühlen Sie vor, ob der Mobber dazu schon bereit ist. Oder ...
- ... der Angreifer fühlt sich durch Ihr »aufmüpfiges« Verhalten erst recht herausgefordert. Die Bösartigkeit und Häufigkeit der Angriffe nehmen zu. Das Ego des Mobbers erträgt es nicht, dass dieses »Würstchen«, für das er Sie hält, sich plötzlich auflehnt. Er steigert sich in die verbissene Haltung: Er oder ich – Kampf bis aufs Messer!

Eskaliert eine Mobbingsituation so weit, ist es aus der Sicht des Gemobbten kaum noch möglich, Abhilfe zu schaffen. Der Mobber will dem Opfer nur noch blindwütig und mit allen ihm zur Verfügung stehenden Mitteln schaden.

Natürlich liegt es nahe, hier den Teufel mit dem Beelzebub auszutreiben. Doch zum einen haben Mobbingbetroffene selten die Kraft, mit gleicher Münze heimzuzahlen. Zum anderen schaukelt sich so der Konflikt zu einem fatalen »Vernichtungskampf« durch Mobbing und Gegenmobbing hoch. Da der bisher psychisch unterlegene Mobbingbetroffene nicht über Nacht zum selbstbewussten Giganten erstarkt, wird er letztlich wieder der Verlierer sein.

Seien Sie gut zu sich

Am wichtigsten ist, dass Sie als Mobbingbetroffener am Ende gesund und unversehrt aus der Situation herauskommen. Hier gilt auch das, was bereits über die Bewältigung von Stress gesagt wurde:

- Pflegen Sie Körper und Seele.
- Gönnen Sie sich gutes und vitaminreiches Essen.
- Leben Sie gesund. Rauchen Sie nicht, trinken Sie mäßig.
- Vergiften Sie Ihren Körper nicht mit Tabletten.
- Schaffen Sie bewusst Ablenkung (Hobby, Sport).
- Pflegen Sie Ihre Beziehungen zu Freunden.
- Verschaffen Sie sich Anerkennung und Achtung.

2. Bewältigungsstufe: Beweise und Helfer

Das Mobbingtagebuch

Spätesten wenn eine Mobbingsituation sich in der Anfangsphase nicht bereinigen lässt, sollte jeder Betroffene ein Mobbingtagebuch führen. Schreiben Sie alles auf. Warten Sie damit nicht, bis die Situation eskaliert und man Sie immer mehr in die Ecke drängt. Lassen Sie den Mobber ruhig wissen, dass Sie jeden seiner unfairen Angriffe penibel notieren. Allein das hat schon so manchen davon abgehalten, weiter zu mobben.

Führen Sie Ihr Mobbingtagebuch wirklich regelmäßig und detailliert. Das macht sicherlich Arbeit und erfordert Disziplin.

Doch nur so schaffen Sie sich ein wertvolles Beweismittel gegen den/die Mobber. Das Tagebuch können Sie bei den zuständigen Stellen vorlegen. Alle Vorkommnisse sind so aufgelistet, Zusammenhänge besser ersichtlich, und Vorgesetzte, Betriebsräte, Frauenbeauftragte oder Rechtsanwälte und Richter können schwarz auf weiß nachlesen, was genau sich wie zugetragen hat.

So führen Sie ein Mobbingtagebuch

Verschwenden Sie keine Zeit auf die äußere Form. Es ist unwichtig, ob in Ihren Aufzeichnungen Rechtschreibfehler enthalten sind oder ob Sie schön geschrieben haben. Wichtig ist nur, dass Sie alles genau festhalten.

Am sinnvollsten benutzen Sie einen Terminkalender mit viel Platz für jeden Tag. Oder eine dicke Schulkladde, in der Sie die Seiten unten rechts fortlaufend nummerieren und oben links das jeweilige Datum eintragen. Natürlich können Sie auch im Computer eine entsprechende Datei anlegen, wenn Ihnen Ihr Arbeitsplatz dazu die Möglichkeit bietet. Sorgen Sie jedoch dafür, dass niemand an Ihre Aufzeichnungen herankommt und sie löschen kann. Machen Sie auf jeden Fall nach jedem neuen Eintrag eine Sicherungskopie.

Im Tagebuch sollten Sie immer folgende Punkte aufschreiben:

- Datum und Uhrzeit (wann wurde ich gemobbt).
- Was genau ist passiert? (Handlungen exakt benennen.)
- Wer hat welche Handlung/Schikane begangen?
- Wo ist es passiert (Büro, Flur, Kantine)?
- Wer hat die Situation mitbekommen (Zeugen!)?
- Wurden Sie körperlich attackiert, berührt, hat man Ihnen Schmerzen zugefügt? Notieren Sie hier auch Ihre Reaktionen, z.B.: Ich habe den Mobber zurechtgewiesen, habe ihn zurückgestoßen, bin vor ihm geflüchtet.

Wenn Sie Zeugen haben, die bereit sind, die Angriffe gegen Sie zu bestätigen – umso besser. Lassen Sie sich von ihnen das Geschehene möglichst sofort durch Unterschrift bestätigen. Erwiesenermaßen ist es weit weniger hilfreich, Zeugen erst Tage oder gar Wochen später zu fragen, was sie denn nun eigentlich genau gesehen haben. Rückblickend erscheint vieles in einem anderen Licht, und wenn es gar um eine Gegenüberstellung oder Aussage vor Gericht geht, ist der Gedächtnisschwund – gewollt oder ungewollt – enorm.

Auch an Tagen, an denen nichts passiert ist …

… sollten Sie das Mobbingtagebuch weiterführen. Tragen Sie dann ein: »Heute nichts passiert.« Weiterhin beantworten Sie die folgenden Fragen, damit später große »Lücken« von zwei, drei oder mehr Wochen, in denen Sie nicht gemobbt wurden, erklärbar sind.

- Wann waren die/der Mobber in Urlaub?
- Wann fehlten die/der Mobber wegen Krankheit?
- Wann war ich selbst in Urlaub?
- Wann habe ich Überstunden abgebummelt?
- Wann habe ich wegen Krankheit an meinem Arbeitsplatz gefehlt?
- Warum war ich krankgeschrieben?

Die Beantwortung der letzten Frage ist vor allem wichtig, wenn Ihre Krankheit (Herzrasen, Schwindelgefühle, sonstige psychosomatischen Beschwerden) als Folge von Mobbing auftrat.

Wenn Sie zu Hause gemobbt werden:
Oft geschieht dies bei Krankheit. Mobber terrorisieren ihr Opfer am Telefon mit falschen Behauptungen: »Du liegst nur auf der faulen Haut und ich muss im Betrieb deinen Dreck erledigen!« Auch solche Angriffe gehören ins Mobbingtagebuch. Notieren Sie wörtlich, was der Mobber gesagt hat.

Suchen Sie Verbündete

Für jeden Mobbingbetroffenen ist es wichtig, über seine Not sprechen zu können. Vergraben Sie sich nicht, hadern Sie nicht im stillen Kämmerlein mit Ihrem Schicksal. Suchen Sie sich so früh wie möglich Verbündete. Wer weiß, dass er nicht allein steht, hat mehr Kraft, sich zu wehren.

Familie und Freunde

Da ist zunächst Ihr privates Umfeld, aus dem Sie Kraft schöpfen und wo Sie Unterstützungen finden können: Ihre Familie und Ihre Freunde. Sie alle haben mit Ihrer Firma nichts zu tun und beurteilen Ihre Lage aus einer anderen Sicht. Öffnen Sie sich den Menschen, die Ihnen nahe stehen. Fressen Sie Ihren Mobbingstress nicht in sich hinein. Sie werden spüren, wie gut es Ihnen tut, sich nach Feierabend einem vertrauten Menschen mitzuteilen. Bei ihm brauchen Sie sich nicht zu verstellen, er wird immer zu Ihnen halten.

Gleichwohl dürfen sich Freunde und Angehörige viel eher ein offenes Wort erlauben, ohne zu kränken. Und vielleicht kommen Sie nach einem guten Gespräch mit Ihrem Partner / Ihrer Partnerin zu einer anderen Sicht der Dinge, die man Ihnen am Arbeitsplatz antut. Denken Sie jedoch daran, Ihre Freunde oder die Familie nicht zu überfordern. Mancher Mobbingbetroffene redet zu Hause nur noch von seinen schlimmen Erfahrungen in der Firma. Das führt irgendwann dazu, dass auch die mitfühlendste Ehefrau nicht mehr zuhört. Es ist für Ihr seelisches Gleichgewicht wichtig, dass Sie darüber sprechen. Genauso wichtig sind jedoch Stunden, die Sie mit dem Partner / der Partnerin genießen und in denen Sie allen Ärger ausklammern.

Kolleginnen und Kollegen

Hier ist eine zu späte Suche nach Verbündeten oft schwierig. Wer auch nach z. B. drei Jahren in der Firma noch nicht über einen eher kühlen, distanzierten Umgang mit Kolleginnen und Kollegen hinausgekommen ist, kann bestenfalls auf Neutralität hoffen, wenn er in der Mobbingfalle sitzt. Entpuppt sich gar noch der Chef als Mobber, wird kaum ein Kollege für den Betroffenen in die Bresche springen.

Deshalb gilt: Gehen Sie rechtzeitig auf Ihre Kollegen zu. Pflegen Sie einen freundschaftlichen Umgang am Arbeitsplatz. Schließen Sie sich bei Betriebsfeiern nicht aus. Helfen Sie neuen Kollegen/Kolleginnen bereitwillig bei der Einarbeitung. Bügeln Sie auch mal den Fehler eines Kollegen stillschweigend aus. Er wird Ihnen dankbar sein und gegebenenfalls das Gleiche für Sie tun. So schaffen Sie sich für den Fall der Fälle Freunde. Mobber, die plötzlich merken, dass sie es nicht mit einem einzelnen, vermeintlich schwachen Opfer zu tun haben, geben oft schnell auf.

Ihr Chef kann nicht Ihr Verbündeter sein

Sollen Sie sich an höherer Stelle über die Mobbingangriffe beschweren? – Eine heikle Frage. Vorgesetzte sind eigentlich dazu verpflichtet, Unfrieden am Arbeitsplatz zu schlichten. Solange Mobbing jedoch nicht zu einer deutlichen Leistungseinbuße führt, sehen sie gern großzügig darüber hinweg. Selbst wenn ein Mobbingfall in Ihrer Abteilung offensichtlich ist, drücken sie sich gern davor, einzugreifen. Einmal, weil sie oft selbst nicht wissen, wie sie das Problem wirkungsvoll aus der Welt schaffen sollen. Zum anderen, weil es genug Vorgesetzte gibt, die sich in so einer Situation nach dem Prinzip »Abwarten und Tee trinken« verhalten. Das heißt, sie vertrauen darauf, dass sich das Mobbingproblem unter den Mitarbeitern von selbst erledigt. Natürlich gibt es viele verantwortungsbewusste Chefs, denen nicht nur die Bilanz der Firma, sondern auch das seelische und körperliche Wohlergehen ihrer Mitarbeiter am Herzen liegt. Ein Vorgesetzter kann jedoch nie Ihr Verbündeter sein, sondern nur objektiver Richter. Deshalb sollten Sie einige Kriterien beachten, wenn Sie sich bei Ihrem Chef über Mobbingangriffe beschweren.

- Versuchen Sie nicht, den Mobber »in die Pfanne zu hauen«, indem Sie dem Chef dessen Verfehlungen wie mangelnde Arbeitsmoral, Zuspätkommen, Unfähigkeit, Faulheit usw. hinterbringen. Spielen Sie also nicht den »Petzer«. Das macht Sie unglaubwürdig.
- Tragen Sie sachlich vor, was Ihnen angetan wurde. Wenn möglich liefern Sie Beweise (Mobbingtagebuch, Zeugen).
- Schwebt Ihnen eine Lösung vor, zu der er beitragen kann, sagen Sie es Ihrem Chef. Zum Beispiel könnten Sie um Versetzung in eine andere Abteilung ersuchen. Setzen Sie Ihren Vorgesetzten jedoch keinesfalls unter Druck (»Ich verlange, dass Sie sofort

eingreifen!«). Chefs mögen es verständlicherweise nicht, wenn ihnen Untergebene Befehle erteilen.

- Wenn Ihr Vorgesetzter untätig bleibt, fragen Sie sich, warum. Will er nur seine Ruhe haben oder billigt er stillschweigend das Verhalten des Mobbers, dann haben Sie schlechte Karten und sollten sich lieber sofort an den Betriebs- oder Personalrat wenden.

Betriebs- und Personalrat

(Was nachfolgend über den Umgang mit Betriebs-/Personalrat gesagt wird, gilt sinngemäß auch für Frauen- und Gleichstellungsbeauftragte.)

In jedem größeren Unternehmen gibt es Betriebs- und Personalräte. Seit Mobbing zu einem immer bedrohlicheren Thema wird, werden Arbeitnehmervertreter zunehmend durch Fortbildungsmaßnahmen für den Umgang mit Konflikten am Arbeitsplatz geschult. Sie sind sicherlich die kompetentesten innerbetrieblichen Ansprechpartner, wenn der Betroffene allein nicht mehr weiter weiß.

Der Betriebsrat kann ...
... Ihre grundsätzlichen Fragen zu Mobbing beantworten.
... Tipps geben, wie Sie sich verhalten sollen.
... Vorgesetzte für den Mobbingfall sensibilisieren.
... Vermittlungsgespräche führen.
... Beschwerde gegen den Mobber führen.
... Menschen (Ärzte, Psychologen) benennen, die Ihnen helfen.
... Sie auf den unter Umständen langen Weg bis zur Lösung des Mobbingkonflikts begleiten.

Von den Schwierigkeiten des Betriebs- oder Personalrats

Wenn Sie sich an einen Personalvertreter wenden, erwarten Sie nicht sofort rückhaltlose Zustimmung. Der Betriebsrat ist ja nicht nur für Sie da, sondern auch für Ihren Kontrahenten (sofern der ein gleichgestellter Kollege ist). Der Betriebsrat muss die Sachlage objektiv beurteilen. Das ist für ihn schwierig, solange er nur Ihre Version des Konflikts kennt. Fühlen Sie sich also nicht zurückgewiesen, wenn man nicht auf der Stelle alle Hebel in Bewegung setzt, um Ihnen zu helfen. Akzeptieren Sie, wenn man Ihre Darstellung des Mobbingfalls zunächst gründlich hinterfragt. Auch hier leisten Beweise (Mobbingtagebuch, Zeugen) sehr gute Dienste für Ihre Glaubwürdigkeit.

Ein Personalvertreter ist im Allgemeinen kein ausgebildeter Psychologe oder Psychotherapeut. Ihnen mag es gut tun, wenn Sie ihm bei jedem Gespräch ausführlich Ihre inneren Qualen schildern. Doch ihn belasten Sie nur unnötig, denn er ist mit der »Reparatur« Ihrer durch Mobbing entstandenen seelischen und körperlichen Leiden überfordert. Aufgabe eines Personalrates ist es, einen Mobbingprozess durch aktives Eingreifen zu schlichten. Zur Wiederherstellung Ihrer angegriffenen seelischen und körperlichen Gesundheit brauchen Sie einen Arzt.

So verhalten Sie sich im Umgang mit Betriebs- oder Personalrat richtig

- Wenden Sie sich rechtzeitig an den BR/PR. Spätestens, wenn Sie das Gefühl haben, allein nicht mehr mit Ihrer Situation fertig zu werden.
- Wählen Sie einen BR/PR, dem Sie vertrauen und der sich mit Mobbing auskennt.
- Bitten Sie zunächst um ein unverbindliches Beratungsgespräch, in dem Sie Ihr Mobbingproblem sachlich schildern. Lassen Sie kritische Fragen zu und beantworten Sie sie ehrlich.
- Wenn Sie sich entschieden haben, den BR/PR um weiterführende Hilfe zu bitten, sprechen oder diskutieren Sie nicht mehr mit anderen über Ihre Situation.
- Nehmen Sie die Ratschläge des BR/PR zu Ihrer weiteren Verhaltensweise im Mobbingkonflikt an.
- Seien Sie auch offen für Lösungen, die Sie scheinbar als Verlierer dastehen lassen, z.B. wenn man Ihnen eine Versetzung anbietet (oft die einzige Lösung, wenn ein Konflikt so weit es-

kaliert ist, dass ein vernünftiges Miteinander nicht mehr möglich ist).

Übrigens: Ein guter Betriebsrat wird Ihre Anonymität so lange wahren, wie Sie es wünschen. Er bietet Ihnen Hilfe an, aber Sie entscheiden, ob Sie diese Hilfe annehmen. Er wird Ihnen Maßnahmen vorschlagen, aber Sie bestimmen, ob diese Maßnahmen durchgeführt werden sollen. So brauchen Sie keine Angst zu haben, dass Ihr Hilfeersuchen Ihnen bei Kollegen und Vorgesetzten schaden könnte, weil etwas zu früh »an die große Glocke« gehängt wird.

Mediation – eine gute Lösung für alle

Was ist Mediation? Der lateinische Begriff entstammt dem Völkerrecht. Hier meint Mediation die aktive Vermittlung eines neutralen Staates in einem Streit zwischen anderen Staaten.

Mediation am Arbeitsplatz (Wirtschaftsmediation) bezeichnet das schlichtende Eingreifen Dritter (Mediatoren) in einen Mobbingprozess. Es handelt sich bei diesen Personen häufig um Juristen, Psychologen oder entsprechend geschulte Betriebsräte.

Ziel der Mediation: Anders als bei einem Streit vor Gericht geht es nicht darum, »Recht« zu bekommen. Die Mediatoren versuchen eine für alle Beteiligten zufriedenstellende Lösung zu finden. Das heißt, jeder soll als Gewinner mit erhobenem Haupt aus dem Konflikt hervorgehen. Niemand verliert das Gesicht, weil er »klein beigegeben« hat. Dadurch wird vermieden, dass der Konflikt weiterschwelt und irgendwann wieder aufflammt.

Das Ganze hört sich an wie der Versuch der Quadratur des Kreises. Doch die Erfolge dieser Bewältigungsstrategie sprechen für sich. Mediation wird in der amerikanischen Arbeitswelt seit langem praktiziert, seit einigen Jahren zunehmend auch in Europa.

Wichtige Merkmale einer Mediation

- Die Mediatoren müssen unparteiisch sein.
- Alle Beteiligten werden einbezogen.
- Die Teilnahme ist freiwillig.

- Die geführten Gespräche werden vertraulich behandelt.

Anforderungen an den Mediator: Erfolg und Ergebnis von Mediation hängen weitgehend vom psychologischen Geschick (Menschenkenntnis, Einfühlungsvermögen, Kommunikationsfähigkeit) des Mediators oder der Mediatorin ab. Er/sie ...

... schafft eine vertrauensvolle Gesprächsstimmung.

... vertritt die Interessen aller Parteien.

... lenkt und moderiert die Gespräche.

... erklärt Konflikte.

... erkennt auch Ursachen und Hintergründe, die nicht direkt angesprochen werden.

... erklärt, was »zwischen den Zeilen« gesagt wird.

... bewertet und beurteilt nicht die Aussagen der Beteiligten.

... berücksichtigt die Bedürfnisse und Gefühle von Tätern und Opfern.

... berücksichtigt die vorgebrachten Sachinteressen.

... ermöglicht durch Fragen und Erklärungen den Konfliktparteien neue Blickwinkel und Erkenntnisse.

... lenkt die Aufmerksamkeit auf mögliche Lösungen.

... versucht die Ursache (Entstehungsgeschichte) des Konflikts wieder ins Bewusstsein zu rücken.

Anforderungen an die Konfliktparteien:

- Mediation ist nur bei ausdrücklicher Einwilligung aller Beteiligten möglich.
- Die Konfliktparteien müssen bereit sein, sich auf eine für beide Seiten akzeptable Lösung zu einigen. Rachegefühle oder der Rufe nach Bestrafung machen Mediation oft unmöglich.
- Mediationsfähig sind nur die berechtigten Interessen der Parteien. Zeigt sich eine Seite nicht kompromissfähig und will sich auf Kosten des Anderen unbedingt durchsetzen, gibt es keine Verhandlungsgrundlage, die zu einer Lösung führen könnte.

So funktioniert Mediation: Der Ablauf von Mediation folgt keinem festgefügten Schema. Er ist immer abhängig von den Problemen, der Anzahl der beteiligten Personen und ihrer Dienststellung innerhalb des Betriebes. In vielen Fällen von Mobbing am Arbeitsplatz hat sich jedoch nachfolgender Ablauf als sinnvoll erwiesen:

- Der Mediator (die Mediatoren) stellt sich gegenüber den Parteien als neutraler Vermittler vor. Er erklärt »Mediation« und formuliert das Ziel: Alle sollen möglichst als Gewinner aus dem Konflikt hervorgehen. Hierbei geht es auch darum, eventuell vorhandenes Misstrauen gegen Mediation abzubauen.
- Der Mediator führt Einzelgespräche und analysiert das Problem.
- Der Mediator bringt die Konfliktparteien an einen Tisch und legt Umgangs- und Verfahrensregeln fest (Fairness, Kompromissbereitschaft). Er achtet auf Einhaltung der Regeln.
- Der Mediator lässt beide Seiten ihre Sicht der Dinge vortragen. Er »übersetzt und mildert« die Aussagen, wenn der Ton zu aggressiv wird.
- Der Mediator ruft den Beteiligten die Ursache (Entstehungsgeschichte) des Konflikts ins Bewusstsein zurück.
- Der Mediator fasst wichtige Punkte zusammen und stellt Zusammenhänge für jedermann verständlich dar (evtl. anhand von Grafiken). Hierbei betont er Gemeinsamkeiten und positive Ansätze.
- Erweist sich eine Einigung als schwierig, trainiert der Mediator mit den Beteiligten in getrennten Gesprächen faire, nicht aggressive Kommunikation.
- Der Mediator nennt keine eigenen Standpunkte, aber er regt neue Sicht- und Lösungsmöglichkeiten an.
- Der Mediator greift bei Regelverstößen taktvoll, aber deutlich ein. Er weist auf Denkfehler hin und bietet Hilfen zur Korrektur an.
- Der Mediator regt durch Fragen zu sachlichen Diskussionen an. Zum Beispiel:
  Was erwarten Sie von unseren Gesprächen?
  Was würde passieren, wenn Sie sich nicht einigen?
  Gibt es eine besser Alternative zur Mediation?
  Welche Lösungsmöglichkeiten sehen Sie persönlich?
  Wie können alle als Gewinner aus dem Konflikt hervorgehen?
- Der Mediator fasst vorgeschlagene Lösungsmöglichkeiten zusammen und hält sie schriftlich fest.
- Der Mediator fasst mit den Betroffenen eine gemeinsame Entscheidung für die bestmögliche Lösung.

- Der Mediator leitet mit Einverständnis aller die nötigen Schritte zur Umsetzung der bestmöglichen Lösung ein (ist der Mobbingkonflikt zu komplex, mit kleinen Schritten beginnen).
- Überwachung und Bewertung des Erfolgs:
  Sind Fortschritte sichtbar?
  Nähern sich die Parteien einander an?
  Entspannt sich die Lage?
- Weitere regelmäßige Zusammenkünfte am runden Tisch, solange der Mobbingkonflikt nicht als bewältigt angesehen werden kann.

Wo finden Sie einen Mediator?: Für die meisten Mobbingbetroffenen ist es kaum möglich, die Hilfe eines Wirtschaftsmediators in Anspruch zu nehmen. Die Stundenhonorare dieser Fachleute sind für »normale« Arbeitnehmer nicht erschwinglich (von 100 Euro/Std. aufwärts).

Es muss jedoch nicht immer unbedingt ein professioneller Mediator sein. In den Personal-/Betriebsräten der meisten größeren Betriebe finden sich heute geschulte Mediatoren. Auch an den Betriebspsychologen können Sie sich mit der Bitte um Mediation wenden.

Selbsthilfegruppen

Selbsthilfegruppen sind freiwillige, mehr oder weniger feste Zusammenschlüsse von Menschen, die gemeinsam physische, psychische und soziale Probleme bewältigen, von denen sie selbst direkt oder als Angehöriger indirekt betroffen sind. Parallel zu anderen Maßnahmen können die regelmäßigen Gespräche in der Gruppe maßgeblich zur seelischen Stabilität und damit der Bewältigung des eigenen Mobbingproblems beitragen.

Mitglieder von Selbsthilfegruppen benötigen keine besonderen Kenntnisse, um an den meist wöchentlichen Gruppentreffen einer Selbsthilfegruppe teilnehmen zu können. Es gibt jedoch eine unumstößliche Regel, die von jedem Gruppenmitglied beachtet werden muss: Alles, was in der Gruppe besprochen wird, bleibt auch dort. Es darf nichts nach außen getragen werden.

3. Bewältigungsstufe: der Rechtsweg – von Richtern und Rechtsanwälten

Gegen Mobbing mit rechtlichen Mitteln vorzugehen ist leichter gesagt als getan. Bislang scheiterten Mobbingklagen vor Arbeitsgerichten häufig daran, dass der Sammelbegriff »Mobbing« als konkrete Rechtsverletzung in keinem Gesetz erfasst ist. Zwar sind z.B. Beleidigung, Verleumdung und üble Nachrede strafbar. Wie will der klagende Mobbingbetroffene jedoch beweisen, dass ihm der Mobber, statt eines freundlichen Grußes, an jedem Morgen »Du Armleuchter« zuflüsterte? Und das bezeichnende Merkmal von bösen Gerüchten und Verleumdungen ist es, dass der Urheber nicht mehr auszumachen ist. So kommt es, dass bisher die meisten Klagen von den Arbeitsgerichten aus »Mangel an Beweisen« abgewiesen wurden.

Eine einschneidende Änderung zu Gunsten von Mobbingopfern brachte im April 2001 ein Grundsatzurteil des Landesarbeitsgerichts (LAG) Thüringen. Die Richter berücksichtigten in ihrer Urteilsbegründung erstmals, dass es für Betroffene schwer sei, die auf sie erfolgten Mobbingangriffe glaubhaft und nachvollziehbar darzulegen.

Weiterhin stellten die Richter (sinngemäß) fest:

- Mobbing ist ein schwerer Eingriff in die Persönlichkeitsrechte und die körperliche und psychische Gesundheit von Arbeitnehmerinnen und Arbeitnehmern.
- Beschäftigte haben einen Unterlassungsanspruch gegen Mobbing. Der Arbeitgeber ist nicht nur verpflichtet, jedes Mobbing gegen einen Beschäftigten zu unterlassen, er muss Arbeitnehmer auch vor Mobbing durch Dritte schützen.

(Aktenzeichen: 5 Sa 403/2000 – Die ausführlichen Urteilsbegründung und weitere Gerichtsentscheide finden Sie im Anhang.)

Die Klage als letztes Mittel

Das Grundsatzurteil des LAG Thüringen wird von vielen Juristen, Psychologen, Betriebs- und Personalräten und natürlich den Mobbingopfern als Meilenstein im Kampf gegen Mobbing angesehen. Gleichwohl sollten Sie als Betroffener eine Klage vor Gericht als allerletztes Mittel erwägen. Die Thüringer Richter haben in ihrem Urteil nämlich auch festgestellt:

- Allein die Behauptung des Klägers, er werde gemobbt, reicht nicht aus. Er muss in der Lage sein, Einzelheiten vorzutragen und Mobbinghandlungen so konkret zu benennen, dass sich daraus die entsprechenden Rückschlüsse ziehen lassen.

Das heißt, der Kläger muss zwar keine handfesten Beweise mehr vorlegen. Er muss dem Richter die gegen ihn gerichteten Mobbingaktionen jedoch glaubhaft schildern und z.B. durch Tagebuchnotizen, ärztliche Atteste oder ein psychologisches Gutachten untermauern können.

Seien Sie sich auch darüber im Klaren, dass es nach einem Arbeitsprozess oft schwer ist, an den Arbeitsplatz zurückzukehren. Ein Richterspruch kann einen sadistischen Mobber mundtot machen, aber er wird sich nun vielleicht noch perfidere, weniger angreifbare Methoden ausdenken. Auch Arbeitgeber mögen es nicht, wenn Betroffene gegen Mobbing gerichtlich vorgehen. Es bringt die Firma in ein schlechtes Licht. Und nicht selten kostet das Durchstehen des Arbeitsgerichtsprozesses die letzte Kraft. Kommt es gar zu einem möglichen Freispruch, versteht das Opfer die Welt nicht mehr und bricht psychisch zusammen.

Somit ist für ein vielleicht schon stark angeschlagenes Opfer der Gang aufs Arbeitsgericht nach wie vor nicht einfach.

Wann brauchen Sie einen Anwalt?

Ein Fachanwalt für Arbeitsrecht kann Ihnen auch helfen, wenn Sie nicht gleich klagen wollen. Sie sollten ihn bereits früher zu Rate ziehen, wenn ...

... es in Ihrer Firma keinen Betriebs- oder Personalrat gibt.
... Sie nicht in der Gewerkschaft sind.
... Sie einen Mediator suchen.
... Sie von Ihrem Chef gemobbt werden.
... Sie grundsätzliche arbeitsrechtliche Fragen haben.
... Sie wissen wollen, wie man eine Abmahnung formuliert.
... Sie über Kündigung und/oder Abfindung verhandeln.

Inwieweit ein Jurist Ihnen nur beratend zur Seite steht oder selbst offen in den Mobbingprozess eingreift, bestimmen Sie. Tritt ein Anwalt gegenüber Ihrer Firma und dem Mobber aus dem Hintergrund, kann das Ihre Mobbingsituation einerseits verschärfen. Andererseits signalisieren Sie den Tätern, dass Sie nicht länger gewillt sind, die Mobbingattacken hinzunehmen. Das kann Ihnen Respekt verschaffen und zur Besserung führen. Hier gilt es abzuwägen.

Wenn Sie sich entschlossen haben, gerichtlich gegen den Mobber vorzugehen, brauchen Sie auf jeden Fall juristischen Beistand. Klingeln Sie nicht an der nächstbesten Kanzleitür, sondern suchen Sie sich einen Fachanwalt für Arbeitsrecht. Namen und Anschriften nennen Ihnen Anwaltsvereine, die es in jeder größeren Stadt gibt (schauen Sie ins Telefonbuch). Eine moderne Möglichkeit, den richtigen Anwalt zu finden, bietet das Internet. Web-Adressen von Anwaltsvereinen und Anwalts-Suchdiensten finden Sie im Anhang.

Ein paar Tipps für den Umgang mit Anwälten

- Fragen Sie Ihren Anwalt, wie hoch er den Prozesserfolg einschätzt. Ein fairer Anwalt wird Ihnen abraten, wenn keine Aussicht besteht, den Prozess zu gewinnen. Hören Sie auf ihn.
- Es gibt überall schwarze Schafe. Vorsicht, wenn ein Anwalt Sie mit aller Macht zum Prozess drängen will. Das gilt auch, wenn er andere Maßnahmen vorschlägt, die Ihnen zu risikoreich erscheinen.
- Lassen Sie sich vor Klageerhebung über alle Ihnen entstehenden Kosten informieren.
- Bitten Sie Ihren Anwalt, dass er jede Maßnahme mit Ihnen abstimmt.

Wie sieht es mit den Kosten aus?

In der ersten Instanz gilt vor dem Arbeitsgericht der Grundsatz: Jede Partei trägt ihre Kosten selber, und zwar unabhängig vom

Ausgang des Verfahrens. Das mag ungerecht erscheinen. Aber bedenken Sie: Verlieren Sie den Prozess, müssen Sie nicht auch noch den teuren Anwalt des Arbeitgebers bezahlen. Erst ab der zweiten Instanz vor dem Landesarbeitsgericht gilt der Grundsatz, dass die unterlegene Partei die gesamten Kosten zu tragen hat.

Wenn Sie einen Rechtsanwalt mit der Wahrung Ihrer Interessen beauftragen, sollten Sie zunächst ein Beratungsgespräch vereinbaren. Dafür darf der Anwalt maximal ein Honorar von 180 Euro + Mwst verlangen (§ 20 Bundesrechtsanwaltsgebührenordnung). Bei der Erstberatung wird der Anwalt alle juristisch wichtigen Sachverhalte und verschiedene Lösungsmöglichkeiten mit Ihnen erörtern. Auch über die auf Sie im Prozessfall zukommenden Kosten wird er Sie informieren.

Nicht in den Rahmen der Erstberatung fallen weiter gehende Maßnahmen wie z.B. Verhandlungen mit dem Gegner oder entsprechende Schriftsätze.

Lohnt sich eine Arbeits-Rechtsschutzversicherung?

Ein Prozess vor dem Arbeitsgericht kann teuer werden. Die Kosten errechnen sich nach dem Streitwert, und der ist, z.B. bei Kündigungsschutzprozessen, oft erheblich. Deshalb empfiehlt sich für jeden Arbeitnehmer der frühzeitige Abschluss einer Rechtsschutzversicherung. Diese Versicherung übernimmt dann die Kosten des Verfahrens, wenn sie vor Ausspruch der Kündigung länger als drei Monate bestanden hat. Eine Arbeits-Rechtsschutzversicherung lässt sich mit anderen Rechtsschutzversicherungen (Privat-/Verkehrsrechtsschutz) koppeln. Die Versicherungsprämie erhöht sich dadurch um ca. 30 bis 40 Euro im Jahr. Sprechen Sie Ihren Versicherungsmakler an.

Wenn Sie nicht Rechtsschutz versichert sind und Ihre finanziellen Verhältnisse eine Prozessführung nicht zulassen, haben Sie Anspruch auf Prozesskostenhilfe. Den dazu nötigen Antrag wird Ihr Rechtsanwalt gleichzeitig mit der Klageerhebung stellen. Wird dem Antrag stattgegeben, können Sie die Prozesskosten in zumutbaren Raten abbezahlen. Besteht gar »erhöhte Bedürftigkeit« (z.B. wegen Arbeitslosigkeit), ist die Prozessführung für den Arbeitnehmer kostenlos. Der Rechtsanwalt rechnet seine Gebühren und Auslagen unmittelbar mit der Staatskasse ab.

Gewerkschaften bieten ihren Mitgliedern bei Prozessen vor dem Arbeitsgericht oft kostenlosen Rechtsschutz. Bedingungen:

- Die Mitgliedschaft muss zum Zeitpunkt des ersten Anlasses des Streitfalles schon mindestens drei Monate bestehen. Also nicht erst bei Prozessbeginn.
- Der Prozesserfolg darf nicht aussichtslos erscheinen. Dabei legen die Gewerkschaften jedoch im Allgemeinen keine kleinlichen Maßstäbe an.

Kündigen – wenn nichts mehr geht

Sie haben einen langen Leidensweg hinter sich und sind physisch und psychisch am Ende. Alle Vermittlungs- und Schlichtungsversuche sind gescheitert. Selbst Ihr vermeintlicher Sieg vor dem Arbeitsgericht hat nur dazu geführt, dass Sie an Ihrem Arbeitsplatz noch mehr isoliert sind. Sie sitzen tiefer als je zuvor in der Mobbingfalle und bekommen Magenschmerzen, wenn Sie nur an die Firma denken. Weil Sie das einfach nicht mehr aushalten, sehen Sie in der Kündigung den einzigen Weg, Ihrer unerträglich gewordenen Situation zu entkommen. Nicht selten drängen Arbeitgeber auch zur Kündigung (das darf man im Allgemeinen als Versuch werten, einen unliebsamen Mitarbeiter auf billige Art und Weise loszuwerden). Eine Selbstkündigung sollte jedoch sorgfältig überdacht werden und nie spontan erfolgen.

Für und Wider – wann ist eine Kündigung sinnvoll?

Wenn ein Mobbingkonflikt sehr lange andauert und ein Ende nicht in Sicht ist, kann eine Kündigung die einzig mögliche Lösung sein. Letztlich zählt nur Ihre körperliche und seelische Gesundheit. Es nützt Ihnen nichts, sich an den ungeliebten Job zu klammern, wenn Ihre Gesundheit, Ihre Lebensfreude und Ihr privates Glück dabei verlorengehen.

Der nachfolgende Fragebogen kann Ihnen bei Ihrer Entscheidung helfen. Wägen Sie Ihre Für- und Wider-Antworten sorgfältig gegeneinander ab. Überwiegt das Für deutlich, sollten Sie den sicherlich beschwerlichen Weg einer Kündigung gehen. Manchmal muss man einen radikalen Schlussstrich ziehen, um neu beginnen zu können. Doch es ist allein Ihre Entscheidung und die Ihrer Familie.

Was spricht gegen eine Kündigung?

- Sie würden keine Stelle oder nicht so schnell eine neue Stelle finden.
- Sie haben nicht genug Rücklagen, um die Zeit zu überbrücken, in der Ihnen das Arbeitsamt wegen Selbstkündigung das Arbeitslosengeld sperrt.
- Ihr Selbstbewusstsein ist durch Mobbing so zerstört, dass Sie sich nicht in der Lage fühlen, ein Bewerbungsgespräch durchzustehen.
- Sie müssten für den neuen Job unverhältnismäßig lange Anfahrzeiten in Kauf nehmen.
- Eine mögliche neue Beschäftigung wäre deutlich unter Ihrer beruflichen Qualifikation.
- In einer anderen Firma können unzählige neue Probleme auf Sie zukommen. Niemand kann garantieren, dass es Ihnen im neuen Job besser ergeht.
- Es besteht in naher Zukunft die Hoffnung, dass der/die Mobber das Unternehmen verlassen. Vielleicht machen Ihre Widersacher Karriere und werden in eine andere Abteilung versetzt.

Was spricht für eine Kündigung?

- Sie haben in der Firma niemanden mehr, der auf Ihrer Seite steht und Ihnen hilft.
- Sie haben alles getan, um Ihr Mobbingproblem in den Griff zu bekommen. Alle Anstrengungen waren vergeblich.
- Ihr Arbeitgeber zahlt eine Abfindung, damit er Sie schnell los

wird. Der angebotene Betrag sollte so hoch sein, dass Sie sich ohne Zeitdruck nach einem neuen Job umschauen können.

- Sie haben alle Konsequenzen einer Kündigung sorgfältig bedacht. Ihre Familie ist bereit, diese Konsequenzen mitzutragen.
- Ihre Gesundheit hat sich durch Mobbing nachhaltig verschlechtert. Ihr Arzt rät zum Arbeitsplatzwechsel.
- In Ihrer Firma gibt es keinen Betriebs- oder Personalrat, der Ihre Interessen vertritt.
- Sie sind sicher, dass Sie in absehbarer Zeit einen neuen Arbeitsplatz finden, der Ihrem Können und Ihren Gehaltsvorstellungen entspricht.

Verlangen Sie immer ein Arbeitszeugnis

Wer sich entschlossen hat, wegen Mobbing zu kündigen, verlässt die Firma im Zorn. Trotzdem sollte man immer ein Arbeitszeugniss verlangen. Arbeitszeugnisse sind ein wichtiger Bestandteil der Bewerbungsunterlagen. Personalverantwortliche messen dem Urteil des ehemaligen Chefs große Bedeutung zu. Das Argument: Wenn der Mitarbeiter dort nichts geleistet hat, wird er auch bei uns nichts zu Stande bringen. Und ist Ihre Bewerbung noch so gut – wenn Sie kein Arbeitszeugnis vorlegen können, kann das bei der Suche nach einem neuen Job zu einem unüberwindlichen Stolperstein werden.

Jeder Arbeitnehmer hat gemäß § 630 Bürgerliches Gesetzbuch bei Beendigung seines Arbeitsverhältnisses einen Anspruch auf ein schriftliches Zeugnis. Dabei spielt es keine Rolle, ob er entlassen worden ist, selbst gekündigt oder einen Aufhebungsvertrag vereinbart hat.

Es gibt zwei Arten von Zeugnissen: Das einfache Zeugnis ist ein bloßer Tätigkeitsnachweis. Hier sind lediglich Fakten, wie Personalien, Dauer und Beschreibung der ausgeübten Tätigkeit, aufgeführt.

Das qualifizierte Zeugnis enthält darüber hinaus eine Bewertung von Leistung und Verhaltensweisen des Arbeitnehmers. Deshalb ist es für den weiteren Berufsweg von großer Bedeutung.

Das darf nicht im Zeugnis stehen:

- Abmahnungen
- Alkohol-/Drogenabhängigkeit
- Behinderung
- Betriebsrats-/Gewerkschaftstätigkeit
- Gehalt
- Krankheit/Fehlzeiten
- negative Kündigungsgründe
- Nebentätigkeit/Ehrenämter
- Parteizugehörigkeit
- religiöse Gesinnung
- Vorstrafen

Nach der Rechtsprechung der Arbeitsgerichte muss das Arbeitszeugnis wohlwollend sein. Es darf den Arbeitnehmer nicht durch eine negative Beurteilung in seinem beruflichen Weiterkommen behindern. Um trotzdem »Wahrheit« über einen Mitarbeiter auszudrücken, hat sich im Personalbereich eine eigene Zeugnissprache herausgebildet. Man muss zwischen den Zeilen lesen, um sie zu verstehen (siehe weiter unten). Dabei ist nicht nur entscheidend, welche Zeugnispassagen welche Bedeutung haben, sondern auch, ob bestimmte Formulierungen überhaupt enthalten sind.

Darauf sollten Sie bei Ihrem Zeugnis achten:

- Ist Ihre Tätigkeit vollständig beschrieben, und lässt die Beurteilung nichts aus (zum Beispiel den so genannten Ehrlichkeitsbeweis bei einer Kassiererin)?
- Verklausulierte Formulierungen, die gut klingen, aber künftige Arbeitgeber warnen sollen. Beispiele:
  »Er bemühte sich, die ihm übertragenen Arbeiten bestens zu erledigen.« – Die Leistungen waren mangelhaft.
  »Er trug zur Verbesserung des Arbeitsklimas bei.« – Er spielte gern den Clown und vertrödelte die Arbeitszeit mit Sprücheklopfen und Nebensächlichkeiten.
  »Wir schätzten seinen großen Eifer« oder »Die ihm übertragenen Arbeiten erledigte er mit großem Fleiß«. – Er bemühte sich, hatte aber wenig Erfolg.
  »Seine Leistungen waren zufriedenstellend.« – Die Leistungen genügten knapp, hätten besser sein können.

»Er hat alle Aufgaben ordnungsgemäß erledigt.« – Keine Eigeninitiative.

»... zu unserer vollen Zufriedenheit« oder »Seine Leistungen waren gut«. – Er war ein guter Mitarbeiter.

»Seine Leistungen waren überdurchschnittlich« oder »... zur vollsten Zufriedenheit«. – Der Mitarbeiter war sehr gut, man lässt ihn nur ungern ziehen.

Keine Bemerkungen über den Austrittsgrund. – Es besteht die Möglichkeit, dass er »gefeuert« wurde.

»Der Austritt erfolgte auf eigenen Wunsch.« – Es handelt sich um einen normalen Austritt, der keine große Lücke hinterlässt.

»Der Austritt wird bedauert.« – Man verliert diesen Mitarbeiter nur ungern, er war tüchtig.

»Der Austritt wird sehr bedauert.« – Der Mitarbeiter war sehr tüchtig, er hinterlässt eine empfindliche Lücke.

Ein Tipp: Wenn Sie nicht genau wissen, was Sie von Ihrem Zeugnis halten sollen, wenden Sie sich an den Betriebs- oder Personalrat oder einen Anwalt für Arbeitsrecht (das Anwaltshonorar für die einfache Beurteilung Ihres Zeugnisses ohne Rechtsberatung beträgt ca. 50 bis 70 Euro).

Schauen Sie nach vorn

Wenn Sie gekündigt haben und am Ende Ihres letzten Arbeitstages die Firma verlassen, schauen Sie nicht zurück. Natürlich ist es nicht einfach, den vielleicht in Jahren angestauten Groll abzuschütteln. Doch Sie brauchen jetzt Ihre Kraft für den Neuanfang. Manche Mobbingopfer suchen auch nach der Kündigung noch Gerechtigkeit und prozessieren endlos gegen ihre ehemalige Firma. Ihr ganzes Denken kreist nur um den eigenen Fall, sie reden von nichts anderem mehr. Experten nennen das »obsessives Verhalten«. Es ist vorauszusehen, dass solche Menschen wieder scheitern.

Schauen Sie nur nach vorn. Sie sind es sich und Ihren Angehörigen schuldig.

Zusammenfassung:
So wehren Sie sich erfolgreich gegen Mobbing

- Überprüfen Sie Ihre eigene Einstellung und Ihr eigenes Verhalten.
- Sprechen Sie den ursächlichen Konflikt an. Mobbing-Prozessen liegt immer ein (verdrängter?) Konflikt zu Grunde. Vielleicht ist es in der Anfangsphase noch möglich, gemeinsam mit Ihrem Kontrahenten Lösungswege zu finden.
- Wehren Sie sich, setzen Sie Grenzen. Gerade Frauen schweigen oft aus Harmoniebedürfnis. Vertreten Sie freundlich, aber bestimmt Ihre eigene Position.
- Sprechen Sie mit Freunden und Angehörigen über Ihre Mobbingprobleme. Das bringt Ihnen zunächst seelische Erleichterung und die anderen verstehen besser, warum Sie sich in der letzten Zeit verändert haben.
- Führen Sie ein detailgenaues »Mobbing-Tagebuch«. Sammeln Sie auch andere Beweisdokumente!
- Wenn Sie sich an Ihren Vorgesetzten wenden, sollten Sie Beweise haben. Beschweren Sie sich nicht, sondern machen Sie in sachlichem Ton auf Missstände in der Abteilung oder Arbeitsgruppe aufmerksam. Eventuell können Sie Ihren Chef auf seine Fürsorgepflicht aufmerksam machen.
- Schalten Sie gegebenenfalls den Betriebs- oder Personalrat ein. Er ist kompetent und bei begründeter Beschwerde verpflichtet, Ihnen zu helfen.
- Ziehen Sie auch ärztliche und/oder psychologische Hilfe in Betracht. Vielleicht erscheint es Ihrem Arzt sinnvoll, Sie für einige Zeit krankzuschreiben oder zur Kur zu schicken. Wer gesund und fit ist, kann sich der Auseinandersetzung besser stellen.
- Versuchen Sie Spannungen durch Freizeitaktivitäten abzubauen (Sport, gute Gespräche mit Freunden, autogenes Training).
- Schließen Sie sich einer Selbsthilfegruppe an.
- Suchen Sie eine Rechtsberatung, um alle rechtlichen Möglichkeiten auszuschöpfen und unter Umständen Schadensersatz oder eine gute Abfindung zu erreichen.
- Ziehen Sie notfalls eine Selbstkündigung in Erwägung und wagen Sie einen neuen Anfang.

Was können Sie als Vorgesetzter gegen Mobbing tun?

Wenn viele Chefs nicht einfach wegsähen, würden viele Mobbingsituationen nicht eskalieren!

Das bedeutet nicht, Mobbing am Arbeitsplatz ließe sich immer unterbinden. Es liegt offensichtlich in der Natur der Menschen, sich gegenseitig das Leben schwer zu machen. Natürlich können Sie als Vorgesetzter nicht von jeder kleinen Meinungsverschiedenheit unter Ihren Mitarbeitern Kenntnis haben. »Eskalieren« meint, dass sich die Lage des Mobbingbetroffenen so weit verschärft hat, dass er isoliert, seelisch und körperlich krank ist und sich schlimmstenfalls mit Selbstmordgedanken trägt. Wer als Vorgesetzter nicht sieht (oder sehen will), wie so ein Mensch leidet, macht sich mitschuldig.

So erkennen Sie, ob in Ihrer Abteilung gemobbt wird

Jeder Vorgesetzte sollte sich verpflichtet fühlen, bei Mobbing einzuschreiten. Denn ihm ist vor allen andern die Macht dazu gegeben. Für Sie als Chef gilt: Greifen Sie so früh wie möglich schlichtend ein, um eine Eskalation zu verhindern. Zugegeben, das ist oft schwer. In jedem Team gibt es Mitarbeiter, die gut miteinander auskommen, und andere, die sich nicht grün sind. Der Umgangston ist an manchen Tagen rau und keineswegs herzlich. Jeder weiß auch, dass Herr Meier im Moment völlig ungenießbar ist, weil er private Probleme mit seinem Ältesten hat. Und Frau Müller hat gerade eine Scheidung hinter sich und bricht bei jedem lauten Wort in Tränen aus. Mit Mobbing hat das alles nichts zu tun. Es gibt jedoch Warnzeichen für Mobbing, die ein guter Vorgesetzter erkennen sollte.

- Aus Ihrem bisher harmonischen Team wird ein Mitarbeiter zunehmend ausgegrenzt.
- Kollegen machen in Ihrer Gegenwart »dumme« oder abwertende Bemerkungen über den Betroffenen.
- Der Betroffene ist in den Pausen stets allein, während die Anderen in einer Gruppe zusammen sitzen.

- Die Meinung des Betroffenen wird nicht wahrgenommen, nicht akzeptiert, spielt keine Rolle mehr.
- Ihnen werden ständig angebliche Fehlleistungen des Betroffenen hinterbracht.
- Die früher gute Leistung des Betroffen lässt plötzlich tatsächlich stark nach.
- Der Betroffene isoliert sich selbst (z.B. meidet er betriebliche Feiern).
- Die Betroffenen haben seit einiger Zeit erhöhte Fehlzeiten.
- Die Betroffenen wirken abgespannt, depressiv, unmotiviert.

Beugen Sie Mobbing vor

An anderer Stelle wurde bereits darauf hingewiesen, wie wichtig eine gute Arbeitsatmosphäre ist. Wo das Arbeitsklima stimmt, gibt es kein Mobbing. Auch hier sind Sie als Chef maßgeblich in der Pflicht.

- Sorgen Sie in Ihrem Verantwortungsbereich für einen kollegialen Umgang miteinander und geben Sie dafür ein gutes Beispiel.
- Lassen Sie Cliquenbildung und Seilschaften in Ihrer Abteilung nicht zu. Sie sind nicht nur kontraproduktiv, sondern oft auch Keimzellen von Mobbing.
- Wenn der Mobber eindeutig feststeht, bitten Sie ihn möglichst bald zu einem Einzelgespräch. Kollegen, die zur Täter-Gruppe gehören, sollten Sie ebenfalls zu einer Stellungnahme auffordern. Einem eindeutig identifizierten Mobber kann mit einer Abmahnung oder der Entlassung gedroht werden, da er den Betriebsfrieden stört.
- Sprechen Sie Probleme, aber auch gute Leistungen, offen an. Lob und Tadel sind wichtige Führungsmittel. Setzen Sie diese Mittel aber nicht ein, um Mitarbeiter gegeneinander auszuspielen.
- Bitten Sie Ihre Mitarbeiter bei von Ihnen angeordneten Veränderungen um Rückmeldung (Feed-back).
- Zeigen Sie sich in regelmäßigen Mitarbeiterbesprechungen offen für Kritik und Anregungen.

- Arbeiten Sie kooperativ mit Betriebsrat und/oder Gleichstellungsbeauftragten zusammen.

Übrigens: In vielen größeren Betrieben gibt es inzwischen geschulte Mobbingbeauftragte. Bitten Sie diese Kollegin oder diesen Kollegen um Rat, wenn Sie mit den Mechanismen von Mobbing noch nicht so vertraut sind.

Kümmern Sie sich verstärkt um neue Mitarbeiter

Viele neue Mitarbeiter tappen in die Mobbingfalle, weil sie nicht richtig in ihren Job eingeführt werden. Gerade in Zeiten, wo viele um ihren Arbeitsplatz fürchten, wird der Neue von den etablierten Kollegen oft mit Misstrauen betrachtet. Könnte er mir, meiner Karriere gefährlich werden? Mir meine Kompetenzen beschneiden? Gar meinen Job gefährden? – Ängste, die Vorgesetzte oft unbewusst noch schüren, weil sie sich nicht die Mühe machen, den neuen Mitarbeiter erfolgreich in das bestehende Team zu integrieren.

Um diesen Fehler zu vermeiden, sollten Sie sich am ersten Tag auf jeden Fall die Zeit nehmen, den neuen Mitarbeiter in einer lockeren Gesprächsrunde allen Kollegen vorzustellen. Dabei sprechen Sie folgende Punkte an.

- Kurzinformationen zur Person (verheiratet, Familie, Kinder).
- Beruflicher Werdegang (Ausbildungsweg, wo und in welcher Funktion bisher gearbeitet).
- Klare Benennung der Kompetenzen: Aufgaben, Verantwortung, Weisungsrecht.

Stellen Sie dem neuen Mitarbeiter einen Paten zur Seite

Ein von Ihnen benannter Pate (Mentor) nimmt sich in der ersten Zeit freiwillig des neuen Kollegen an. Das kann z. B. ein in der Abteilung anerkannter Kollege (Kollegin) sein. Er ist Ansprechpartner und Ratgeber. Diese Form der Integration in ein bestehendes Team hat sich sehr bewährt. Ein Pate ist »Insider«. Er kennt die Gruppennormen, weiß was »verboten«, was »erlaubt« ist. Er nimmt den Neuen sozusagen unter seine Fittiche und passt auf, dass er nicht gleich von einem Fettnäpfchen ins nächste tritt.

Ihnen als Chef kann der Mentor das nötige Feed-back geben, wie gut der neue Mitarbeiter bereits in das Team integriert ist. Betrachten Sie den Paten jedoch nicht als Ihr Werkzeug zur Überwachung des Neuen. Damit würde das Vertrauen des Neuen zu seinem Mentor zerstört. Die Bestellung eines Paten wäre sinnlos.

Wie können Sie als Kollege einem Betroffenen helfen?

Wer als Kollege einem Betroffenen helfen möchte, steckt in einer schwierigen Lage. Im Allgemeinen steht er nämlich ziemlich allein da, weil Mobbing fast immer aus der Gruppe heraus erfolgt. Auch dann, wenn nur einer das Opfer offen malträtiert. Die anderen sind mitschuldig, weil sie das herabwürdigende Spiel stillschweigend dulden und befürworten. Sozialpsychologen wissen, dass in Not- oder Gefahrensituationen typische Gedankenmuster ablaufen: »Warum soll ausgerechnet ich eingreifen? Die anderen tun doch auch nichts«, oder »Wenn keiner etwas tut, ist der Angreifer vielleicht im Recht. Ich will mich nicht blamieren, indem ich etwas Falsches tue!« Diese Gedankengänge tragen dazu bei, dass Menschen auch bei Mobbing oft ohne Schuldgefühle zuschauen. Anderenfalls wäre Mobbing nicht möglich. Sonst würde nämlich der Mobber und nicht sein Opfer ausgegrenzt. Da das nicht so ist, begibt sich der Helfer auf ein gefährliches Terrain und wird schnell selbst zur Zielscheibe. Wie gehen Sie also am besten vor, wenn Sie einem Betroffenen wirkungsvoll helfen möchten?

- Oberstes Gebot: Fragen Sie zuerst den gemobbten Kollegen oder die gemobbte Kollegin, wie er/sie die Situation sieht. Bieten Sie ihm Unterstützung an. Dabei hat schon so mancher wohlwollende Helfer eine Überraschung erlebt. Zum Beispiel sah sich das vermeintliche Mobbingopfer gar nicht als Opfer. Es reagierte sogar beleidigt und abweisend auf das Hilfsangebot. Das bedeutet: Wenn Sie finden, dass ein Kollege gemobbt wird, muss er das selbst noch lange nicht genauso empfinden.

- Akzeptieren Sie, wenn der (aus Ihrer Sicht) Betroffene Ihre Hilfe zurückweist. Drängen Sie sich nicht auf.
- Wenn der Betroffene Ihre Hilfe annimmt: Holen Sie nicht gleich den großen Knüppel heraus und dreschen auf jeden ein, der ein falsches Wort über Ihren Schützling sagt. Damit wächst nur der Zusammenhalt zwischen dem Mobber und der Gruppe.
- Sprechen Sie jede Gegenmaßnahme mit dem Mobbingbetroffenen ab. Gehen Sie diplomatisch vor. Rufen Sie nicht laut: »Was treibt ihr mit dem Kollegen X. nur für ein mieses Spiel.« Suchen Sie das Einzelgespräch, haken Sie vorsichtig nach: »Ich habe das Gefühl, der Kollege X. ist irgendwie unbeliebt. Haben Sie eine Idee, woran das liegt?« So schaffen Sie nach und nach unter den schweigenden »Möglichmachern« ein Unrechtsbewusstsein. Haben Sie erst einen Kollegen / eine Kollegin überzeugt, werden andere folgen.
- Bessert sich die Situation nicht, legen Sie dem Betroffenen nahe, ein Mobbingtagebuch zu führen. Weisen Sie ihn auf weitere in diesem Buch besprochene Möglichkeiten der Gegenwehr hin.
- Informieren Sie den Vorgesetzten oder Betriebsrat (natürlich wieder nur nach Absprache mit dem Opfer). Oft hilft es dem Betroffenen mehr, wenn Sie Ihre objektive Sicht der Dinge vortragen, als wenn er selbst die Angriffe auf sich schildert.

Was Sie nicht tun sollten: Führen Sie auf keinen Fall Ihrerseits eine »Schlammschlacht« gegen den/die Mobber. Damit ist niemandem gedient. Am wenigsten dem Kollegen, dem Sie doch eigentlich beistehen wollen.

Teil 4
MOBBING UNTER KINDERN UND JUGENDLICHEN IN DER SCHULE

»Die Schule sei keine Tretmühle,
sondern ein heiterer Tummelplatz des Geistes.«
(Johannes Amos Comenius)

Mobbing an Schulen ist nicht neu

Die Schule prägt maßgeblich für das Leben. Sie lehrt uns Wissen und Bildung und legt somit den Grundstein für den erfolgreichen Start in den Beruf. Sie lehrt uns aber auch soziales Verhalten im Umgang mit unseren Mitschülern. Trotzdem war die Schule wohl nie ein »heiterer Tummelplatz des Geistes«, wie es sich der tschechische Theologe und Pädagoge Comenius im 17. Jahrhundert wünschte. So dürfte es Mobbing an Schulen geben, seit es Schulen gibt. Nur der Begriff war unbekannt. Namen hatten und haben nur die Opfer. Sie hießen: der »Streber«, die »Brillenschlange«, der »Dicke« oder die »Dumme«. Unter den heutigen Schülern hat Mobbing jedoch eine andere Dimension angenommen. Die Angriffe auf Betroffene sind perfider, kaltherziger, brutaler geworden und immer öfter auch durch körperliche Gewalt geprägt. Erziehungswissenschaftler wissen:

- Wer schon in der Schule mobbt, wird oft auch an seinem späteren Arbeitsplatz zum Mobber.
- Wer schon in der Schule gemobbt wurde, wird oft auch an seinem Arbeitsplatz zum Mobbingopfer.

Deshalb ist es für Lehrer und Eltern wichtig, die Mobbingmechanismen zu kennen. Nur dann können sie rechtzeitig eingreifen und helfen.

Definition

»Schulmobbing« meint verschiedene Formen von Psychoterror in der Schule und im schulischen Umfeld. Es geht hier nicht um die kleinen alltäglichen Streitereien unter Schülern. Mobbing steht für alle böswilligen Handlungen, die kein anderes Ziel haben, als eine Mitschülerin oder einen Mitschüler fertig zu machen. Dazu gehören

- hinterhältige Anspielungen,
- Verleumdungen,
- Demütigungen,
- Drohungen,
- Quälereien,
- körperliche Gewalt,
- sexuelle Belästigungen.

Auch hier gilt der von Professor Heinz Leymann geforderte »längere Zeitraum«. Einmalige oder nur kurz andauernde Konflikte zwischen Schülern sind kein Mobbing.

Wie tritt Mobbing unter Schülern zu Tage?
Die Palette der möglichen Mobbinghandlungen gegen Schüler ist nicht weniger umfangreich als Mobbing am Arbeitsplatz:

- Psychische Angriffe: Betroffene werden beschimpft, gehänselt, herabgesetzt, abgewertet, bloßgestellt, schikaniert.
- Indirekte Angriffe: Lügen, Gerüchte, Rufschädigung, Ausgrenzung, Beschädigung von Eigentum.

»Bullying« – Faustrecht auf dem Schulhof:

Würgen, Tritte, Faustschläge – körperliche Angriffe gegen Schwächere nehmen dramatisch zu und sind an den Schulen längst zu einem ernsten Problem geworden. Erziehungswissenschaftler haben für diese besonders brutale Form von Mobbing einen Begriff aus dem Englischen übernommen: Bullying (bully = tyrannischer Mensch, Despot). Das Ziel der »bullies« auf dem Schulhof: Sie nutzen ihre körperliche Überlegenheit, um ihr Opfer mit Tritten, Faustschlägen und anderen körperlichen Attacken zu ängstigen und zu demütigen.

Die Täter sind überwiegend Jungen. Mädchen neigen mehr zu indirekter, verbaler Gewalt.

Wie wirkt sich Mobbing auf das Opfer aus?

Für einen Schüler ist die Schule sein »Arbeitsplatz«. Wird er hier massiv gemobbt, ist seine Reaktion kaum anders als bei einem Menschen, der in einem Betrieb unter Mobbing leidet. Er fühlt sich ausgegrenzt und sucht die Schuld oft bei sich: »Was machte ich falsch, dass der/die ständig auf mir herumhackt?« Mobbing wirkt sich auf die gesamte Persönlichkeit des Schülers aus. Sein Selbstvertrauen ist gestört. Schlafstörungen, Konzentrationsprobleme, Angst und Depressionen stellen sich ein.

Wie erkennen Sie, welcher Schüler betroffen ist?

Im Gegensatz zu einem erwachsenen Mobbingbetroffenen ist eine Jugendlicher noch weit weniger bereit, sich um Hilfe an andere zu wenden. So erkennen Eltern und Lehrer oft viel zu spät, dass die Gründe für plötzliche Lernunlust und Schulschwänzen im direkten Zusammenhang mit Mobbing stehen. Als Pädagoge und Eltern/Erziehungsberechtigte sollten Sie auf folgende Warnsignale achten:

Der/die Mobbingbetroffene ...

... lässt in seinen/ihren schulischen Leistungen stark nach.

... will nicht mehr zur Schule gehen.

... will zur Schule gebracht und von der Schule abgeholt werden (vor allem jüngere SchülerInnen).

... weist körperliche Verletzungen auf (»blaues« Auge, blaue Flecken, Schürf-, Kratz- und Schnittwunden).

... zeigt psychosomatische Störungen (Appetitlosigkeit, Bauchschmerzen).

... schläft unruhig, hat Albträume.

... »verliert« ihr/sein Taschengeld (das Geld wird verwendet, um die/den Täter zu bezahlen).

... will keine Erklärung für sein/ihr verändertes Verhalten geben.

... zieht sich zurück.

... begeht einen Selbstmordversuch.

Wer sind die Opfer – wer die Täter?

Mobbingopfer kann jeder Schüler werden. In entsprechenden Studien fällt jedoch auf, dass ängstliche oder überangepasste Kinder und Jugendliche häufiger betroffen sind. Hier spielt das zu wenig ausgeprägte Selbstbewusstsein eine wichtige Rolle. Auch auffälliges oder fremdartiges Aussehen, eine andere Hautfarbe, Ungeschicklichkeit und Hilflosigkeit können Mobber herausfordern. Mögliche bevorzugte Opfer kommen auch oft aus Familien, in denen Ungerechtigkeit und Gewalt betont geächtet sind. Diese Schüler haben nicht gelernt, sich gegen unfaire Angriffe zu wehren.

Schüler, die als aktive Mobber auftreten, leiden auch (heimlich) unter mangelndem Selbstwertgefühl. Sie sind häufig körperlich – seltener geistig – überlegen. Mobbing ist für sie das Auskosten von Machtgefühlen und Demonstration von Stärke. Indem sie einen Mitschüler demütigen, kompensieren sie die eigene Schwäche. Sie sind oft der Führer einer Clique und hetzen Anhänger und Mitläufer gegen das Opfer auf.

Auftreten von Mobbing nach Altersstufen

Unterstufe: Hier tritt häufiger Bullying als Mobbingmethode in Erscheinung. Opfer sind oft sportlich ungeschickte und »brave« Mitschüler.

Mittelstufe: Das Mode-Outfit (Markenkleidung) und Verhalten im Unterricht (Streber) sind nun bevorzugte Mobbinggründe. Außerdem spielen in diesem Alter durch die ersten engeren Freundschaften zum anderen Geschlecht Eifersucht und Rivalität eine wichtige Rolle.

Oberstufe: Hier ähnelt das Mobbingverhalten schon dem im späteren Berufsleben. Leistungsdruck und Konkurrenzdenken sind Auslöser für Mobbing.

Vorbeugende Maßnahmen gegen Mobbing unter Schülern

Eltern haben nur begrenzte Möglichkeiten, gegen Mobbing unter Schülern einzuschreiten. Vor allem in einer bestimmten Phase des Erwachsenwerdens sind Jugendlich nicht bereit, mit ihren Eltern über Probleme – welche auch immer – zu sprechen. Hier gilt es zu beobachten und zu hinterfragen (siehe oben).

Für Lehrer gilt: Mobbing auf dem Schulhof nicht ignorieren! Wo immer an der Schule Mobbing offensichtlich wird, sollten Lehrkräfte eingreifen. Das bedeutet zunächst einmal vor der Klasse einen klaren Standpunkt gegen Mobbing zu beziehen. Es hilft Betroffenen schon sehr, wenn Mobbing offen angesprochen und verurteilt wird. Als nächste Schritte bieten sich ähnliche Maßnahmen an wie bei der Mobbingbewältigung am Arbeitsplatz.

- Das Mobbingproblem in Konferenzen einbringen und Diskussionen anregen, eventuell aus diesem Grund eine Sonderkonferenz einberufen.
- Einzelgespräche mit Opfern und Tätern führen. Viele Schüler »winden« sich und vermeiden eine konkrete Aussage. Hier sind Geduld und pädagogisches Geschick gefordert.
- Vereinbarungen mit Opfer und Täter treffen, die eine Annäherung der Parteien zulassen.
- Gespräche mit Eltern von Opfer und Täter.
- Jugendamt, Erziehungsberatungsstelle oder eine andere Beratungseinrichtung einschalten.

Jede Schule sollte heute eine Anti-Mobbing-Strategie verfolgen. Wichtig ist, dass Mobbing zum Thema (auch zum Unterrichtsthema) an der ganzen Schule und nicht nur in einzelnen Klassen gemacht wird. Hauptanliegen muss es dabei nicht nur sein, Mobbing zu bekämpfen, sondern wirksam vorzubeugen.

Teil 5
MOBBING: NACHRICHTEN – ZAHLEN – FAKTEN

Erste Mobbing-Studie des Bundesministeriums für Arbeit

In den Jahren 2001 und 2002 erstellte die Sozialforschungsstelle in Dortmund im Auftrag des Bundesministeriums für Arbeit die erste repräsentative Studie zu Mobbing. Ziel des Projekt war es, durch ausführliche Befragung von Betroffenen das Mobbingproblem in repräsentativer Form zu erschließen. Dabei wurden auch Mobbingrisiken in Hinsicht auf Geschlecht, Alter, Betriebsgröße, berufliche Position usw. erforscht. Das Ergebnis wurde im Juni 2002 vorgestellt. Nachfolgend der Report in gekürzter Fassung:

- Durch den fortschreitenden Einsatz neuer Technologien, verknüpft mit neuen Formen der Arbeitsorganisation, haben sich die Anforderungen und Belastungsspektren am Arbeitsplatz verändert. Es entstehen Leistungsverdichtung, beschleunigter Zeit- und Termindruck, hohe Verantwortung und die Notwendigkeit der Selbstorganisation von Arbeitsabläufen.
- Neue Anforderungen in der Arbeitswelt stellen nicht per se negative Belastungen dar. Die Bearbeitung verantwortungsvoller, komplexer und abwechslungsreicher Aufgaben und die Erhöhung der individuellen Entscheidungs- und Handlungsspielräume können durchaus das Selbstbewusstsein stärken und die Arbeitszufriedenheit erhöhen.
- Wie sich die Veränderungen auf die Beschäftigten auswirken, ist nicht allein abhängig von der jeweiligen individuellen, psychischen Struktur. Vielmehr spielen Rahmenbedingungen am Arbeitsplatz sowie die sozialen Beziehungen auf der Kollegen- und Vorgesetztenebene eine entscheidende Rolle.
- In vielen Unternehmen werden die sozialen Auswirkungen von arbeitsorganisatorischen Veränderungen kaum durch Unterstützungsmaßnahmen flankiert. Den Beschäftigten wird vielmehr häufig zugemutet, Probleme durch »wildwüchsige« Selbstorganisation zu lösen. In diesem Klima gedeihen Ängste

(z.B. den neuen Anforderungen nicht gewachsen zu sein, Ansehen und Privilegien und sogar den Arbeitsplatz zu verlieren). Nicht selten wird versucht, diese Unsicherheiten durch unfaire Verhaltensweisen zu kompensieren, wie Schuldzuweisungen an andere, persönliche Angriffe, Intrigen und Schikanen, die sich bis hin zu Mobbing ausweiten können.

Die Ergebnisse der repräsentativen Studie zum Ausmaß von Mobbing

- 2,7 % aller Erwerbstätigen sind von Mobbing betroffen.
- 11,3 % der Erwerbstätigen waren im Laufe des Berufslebens schon einmal von Mobbing betroffen.

Es gibt in Firmen und Betrieben keine »mobbingfreie Zone«. Gemobbt wird in allen Bereichen, Branchen, Berufsgruppen, Betriebsgrößen und Hierarchiestufen. Bestimmte Merkmale erhöhen jedoch die Gefahr, zum Mobbingopfer zu werden:

- Mit 3,7 % sind Beschäftigte bis zum Alter von 25 Jahren überdurchschnittlich betroffen (Durchschnitt 2,7 %).
- Ebenso sind ältere Mitarbeiter besonders gefährdet. Bei den über 35-Jährigen liegt die Mobbingquote bei 2,9 %.
- 3,5 % der Betroffenen sind weibliche Beschäftigte, 2 % männliche. Das Mobbingrisiko von Frauen liegt somit 75 % höher als das der Männer.
- Auszubildende liegen mit 4,4 % noch weit deutlicher über dem Durchschnitt.

Als mobbende Personen wurden sowohl Vorgesetzte als auch Kollegen und Kolleginnen identifiziert. Der typische Mobber ist männlich, Vorgesetzter, zwischen 35 und 54 Jahre alt und schon lange in der Firma.

- In 38,2 % der Fälle waren Vorgesetzte die alleinigen Mobber.
- In 12,8 % der Fälle mobbten Vorgesetzte gemeinsam mit Kollegen und Kolleginnen.
- In 20,1 % der Fälle mobbte eine Gruppe von Kollegen oder Kolleginnen.
- In 22,3 % der Fälle traten Einzelmobber in Erscheinung.
- In nur 2,3 % der Fälle wurde von unten nach oben gemobbt.

Bei den Befragten, die zur Zielschiebe von Schikanen und Intrigen wurden, zeigten sich folgende Auswirkungen:

- 98,7 % waren nervös, demotiviert, verunsichert.
- 43,9 % waren infolge von Mobbing schon einmal erkrankt. Davon die Hälfte mehr als 6 Wochen.

Die Studie des Bundesministeriums für Arbeit kommt unter anderem zu dem Schluss, dass Defizite im Führungsverhalten einen erheblichen Anteil bei der Entstehung und Entwicklung von Mobbingprozessen haben. (Quelle / Sozialforschungsstelle Dortmund http://www.sfs-dortmund.de/forsch/p900s/mobbefrag.html)

Wo wird in Deutschland am häufigsten gemobbt?

Platz 1: im Gesundheits-/Sozialwesen
Platz 2: in öffentlichen Verwaltungen
Platz 3: im Erziehungswesen
Platz 4: im Banken-/Kreditgewerbe
Platz 5: im Einzel-/Großhandel
Platz 6: in Industrieunternehmen
Platz 7: im Verkehrs-/Nachrichtenwesen
Platz 8. im Gaststättengewerbe
Platz 9: im Dienstleistungsgewerbe
Platz 10: im Baugewerbe

In der »Mobbing-Hitliste« liegt das Gesundheits- und Sozialwesen mit der Anzahl der Mobbingfälle mit weitem Abstand vorn. In Kliniken und Altenheimen wird doppelt so viel gemobbt wie in den Ämtern und Büros der öffentlichen Verwaltung. (Quelle: Focus)

München: Dienstvereinbarung gegen Mobbing

Wer bei der Stadt arbeitet und sich im Dienst gemobbt fühlt, kann in München auf die »Dienstvereinbarung bei Mobbing und Schikane« pochen. Sie gilt seit dem 1. Januar 2001 in neuer Fassung.

Saarland/Überherrn: Klinik für Mobbing-Opfer

Die Klinik Berus im Saarland ist Deutschlands erstes Krankenhaus für Mobbing-Opfer. Seit 1998 kamen über 250 Mobbingopfer in die Klinik. Die Kosten der Rehabilitation übernehmen die Sozialversicherungen. Drei von vier Patienten werden gesund und finden zurück ins Arbeitsleben. (Quelle: Focus)

Köln/Mannheim: Azubis über Konflikte besser informieren

Azubis sollen besser über mögliche Maßnahmen gegen Mobbing und Belästigung aufgeklärt werden. Dies sieht ein Schulungskonzept der Bundeszentrale für gesundheitliche Aufklärung vor. Bis zu einem Drittel aller Übergriffe am Arbeitsplatz treffen Auszubildende, teilte die Bundeszentrale in Köln mit. Bisher werde dieses Thema in der Ausbildung vernachlässigt. Bei dem Modellprojekt wurden in den vergangenen vier Jahren über 400 betriebliche Ausbilder geschult, die wiederum die Lehrlinge in ihren jeweiligen Firmen unterrichten. Teilnehmer waren unter anderem die Stuttgarter Straßenbahn, VW und die Deutsche Bahn. (Quelle: dpa/AOL-Nachrichten 28. 11. 2001)

Kleiner Blick zu unseren europäischen Nachbarn

12 Millionen Menschen in Europa von Mobbing betroffen

Aus der letzten im Jahre 2000 durchgeführten Erhebung der EU geht hervor, dass 9 % der Beschäftigten in Europa von Mobbing betroffen waren (ca. 12 Millionen Menschen).

Dies bedeutet einen leichten Anstieg seit der letzten Umfrage 1995. Allerdings streuen die Meldungen über das beobachtete Mobbing in den einzelnen EU-Mitgliedsstaaten erheblich. Diese Unterschiede hängen vermutlich nicht allein mit der unterschiedlichen Häufigkeit des Problems zusammen. Eine wichtige Rolle dürfte hier die kulturellen Unterschiede spielen, auf Grund deren Mobbing in jedem Land anders wahrgenommen und gemeldet wird.

Statistik: Häufigkeit von Mobbing in Europa

- Großbritannien 18,9–25 %
- Finnland 10,1–16,9 %
- Österreich 4,4–7,8 %
- Niederlande 4 %
- Schweden 3,5 %
- Deutschland 2,7 %
- Ungarn 2,5–5,6 %
- Norwegen 1,2 %

(Quelle: Schleswig-Holsteinisches Ärzteblatt 4/2002)

Österreich: Gewerkschaft hilft Mobbingopfern

In Wien gibt es beim ÖGB (Österreichischer Gewerkschaftsbund) eine Anlaufstelle für Mobbingopfer. Damit bietet der ÖGB Betroffenen und Personalvertretern, aber auch Personalverantwortlichen, die in ihren Betrieben mit solchen Problemen konfrontiert sind, eine Mobbing-Erstinformation. Darüber hinaus wird eine Rechtsberatung sowie therapeutische und psychologische Betreuung vermittelt.

Schweiz: Mobbingzentrale bietet Hilfe

Ein politisch und konfessionell neutraler in der Schweiz tätiger Verein ist die Mobbing-Zentrale. Sie bieten Hilfe und Rat für Mobbing-Opfer sowie eine Liste von Anlauf- und Beratungsstellen, Literaturhinweise und eine Linkliste an.

In der juristischen Terminologie gibt es den Begriff »Mobbing« nicht. In der Schweiz besteht aber gemäß OR Art. 328 und ARG

Art. 6 eine Pflicht seitens des Arbeitgebers, die Persönlichkeit seiner Angestellten am Arbeitsplatz zu schützen. Ein Bundesgerichtsentscheid vom Oktober 1998 besagt, dass eine Führungsperson bzw. letztlich der Arbeitgeber diese Pflicht verletzen, wenn sie Mobbing nicht verhindern. (Quelle: Mobbing-Info/Schweiz)

Frankreich: Haftstrafe für Mobber

Nach einem bereits im Mai 2001 erfolgten Beschluss der Pariser Nationalversammlung kann Mobbing in Frankreich künftig mit einem Jahr Gefängnis und einer Geldbuße von bis zu 15 000 Euro bestraft werden.

Die neue Regelung stieß auf ein geteiltes Echo. Opferverbände begrüßten die Entscheidung der Pariser Nationalversammlung. Die Anwälte hätten bislang gezögert, in Mobbingfällen Klage einzureichen, da die Gesetzesgrundlage fehlte.

Spitzenmanager äußerten sich dagegen vielfach kritisch. Die neue Regelung gehe zu weit, ermögliche den Missbrauch und belaste das Arbeitsklima.

Studien zufolge fühlt sich in Frankreich jeder dritte Arbeitnehmer als Mobbing-Opfer.

Schweden: Depressionen durch Stress am Arbeitsplatz

In Schweden gibt es ein »Anti-Mobbing-Gesetz«. Damit bildet das skandinavische Land eine Ausnahme in Europa.

In den letzten zehn Jahren hat sich in Schweden unter den Beschäftigten die Zahl der Langzeiterkrankungen verdoppelt. Als Ursache dafür werden bei Angestellten immer häufiger psychische Störungen diagnostiziert. Eine umfassende Untersuchung des renommierten Karolinska-Instituts ergab, dass 60 bis 70 % der Betroffenen psychische Belastungen am Arbeitsplatz als Hauptursache ihrer Krankheit betrachteten. Arbeitsverdichtung und wachsender Arbeitsdruck sind offenbar das am meisten verbreitete Gesundheitsrisiko in der schwedischen Arbeitswelt.

Island: Mobbingopfer kündigen oft

Mobbing am Arbeitsplatz ist erst in der letzten Zeit in Island in den Brennpunkt geraten. Die Konsequenzen sind sehr oft, dass Betroffene aufgeben und kündigen. Mobbingsituationen gehören vielerorts leider zum betrieblichen Alltag. Nur wenigen Mitarbeitern oder Verantwortlichen sind jedoch die psychologischen Zusammenhänge deutlich, die zu einer als Mobbing empfundenen Situation führen. Das isländische Strafgesetz greift nicht bei Mobbing am Arbeitsplatz, allerdings bei sexuellen Belästigungen. Viele glauben, wenn Mobbing am Arbeitsplatz auch im Strafgesetz verankert wäre, schreckte das viele potenzielle Täter ab.

Im November 2000 gab es eine Tagung zum Thema Mobbing am Arbeitsplatz, die erste ihrer Art in Island. Die Tagung wurde von der Handelsgewerkschaft VR in Reykjavik einberufen. Viele Personen kamen zu Wort: Psychologen, Juristen und andere, die Mobbing angeht. 120 Menschen nahmen an der Tagung teil. Das beweist, dass es ein zunehmendes Interesse für das Mobbingproblem in Island gibt. (Von Sigrún Henriette Kristjánsdóttir, April 2001)

Irland: Anti-Mobbing-Charta

Eine Arbeitsgruppe, die unter der Schirmherrschaft der Behörde für Sicherheit und Gesundheitsschutz gegründet wurde, unterbreitete die Empfehlung, dass für jede Arbeitsstätte eine »Charta zum Recht auf Würde am Arbeitsplatz« sowie eine separate und schriftlich festgelegte Anti-Mobbing-Politik gelten sollten. Der Bericht enthält dazu ausführliche Richtlinien.

Die »Charta zum Recht auf Würde am Arbeitsplatz« wurde im Oktober 2001 eingeführt.

ANHANG

Betriebsvereinbarung

Im Kampf gegen Mobbing und sexuelle Belästigung am Arbeitsplatz setzt sich zunehmend eine wirkungsvolle Strategie durch. In einer Betriebsvereinbarung verpflichten sich Unternehmen und MitarbeiterInnen Mobbing, sexuelle Belästigung sowie Diskriminierung von MitarbeiterInnen, zu unterbinden.

Vorteile einer Betriebsvereinbarung sind, dass das Problem in der Firma offen und vorbeugend angesprochen wird. Die TäterInnen werden abgeschreckt und Betroffene können sich einer Unterstützung sicher sein.

Nachfolgend die beispielhafte Betriebsvereinbarung der Volkswagenwerke AG.

VW-Betriebsvereinbarung: Partnerschaftliches Verhalten am Arbeitsplatz

(Gültig ab: 1. 7. 1996)

Präambel

Eine Unternehmenskultur, die sich durch ein partnerschaftliches Verhalten am Arbeitsplatz auszeichnet, bildet die Basis für ein positives innerbetriebliches Arbeitsklima und ist damit eine wichtige Voraussetzung für den wirtschaftlichen Erfolg eines Unternehmens.

Sexuelle Belästigung, die sich meist gegen Frauen richtet, und Mobbing gegen Einzelne sowie Diskriminierung nach Herkunft und Hautfarbe und der Religion, stellen am Arbeitsplatz eine schwerwiegende Störung des Arbeitsfriedens dar. Sie gelten als Verstoß gegen die Menschenwürde sowie als eine Verletzung des Persönlichkeitsrechts. Solche Verhaltensweisen sind unvereinbar mit den Bestimmungen der Arbeitsordnung. Sie schaffen im Unternehmen ein eingeengtes, stressbelastetes und entwürdigendes Arbeits- und Lernumfeld und begründen nicht zuletzt gesundheitliche Störungen.

Das Unternehmen verpflichtet sich, sexuelle Belästigung, Mobbing und Diskriminierung zu unterbinden und ein partnerschaftliches Klima zu fördern und aufrechtzuerhalten. Dies gilt auch für die Werbung und Darstellung in der Öffentlichkeit.

1. Geltungsbereich
persönlich: für alle Beschäftigten der Volkswagen AG
räumlich: für die Werke der Volkswagen AG

2. Grundsätze
Gemäß der Arbeitsordnung ist jeder Werksangehörige verpflichtet, zur Einhaltung des Arbeitsfriedens und eines guten Arbeitsklimas beizutragen.

Hierzu gehört vor allem, die Persönlichkeit jedes Werksangehörigen zu respektieren.

Zur Verletzung dieser Würde des Einzelnen gehört insbesondere das bewusste, gezielte und fahrlässige Herabwürdigen bis hin zur sexuellen Belästigung, wie beispielsweise

- unerwünschter Körperkontakt,
- anzügliche Bemerkungen, Kommentare und Witze zur Person,
- Zeigen sexistischer und pornografischer Darstellungen (z.B. Pin-up-Kalender),
- Aufforderung zu sexuellen Handlungen,
- Andeutungen, dass sexuelles Entgegenkommen berufliche Vorteile bringen könnte.

Was als sexuelle Belästigung empfunden wird, ist durch das subjektive Empfinden der Betroffenen bestimmt.

Mobbing, wie beispielsweise

- Verleumden von Werksangehörigen oder deren Familien,
- Verbreiten von Gerüchten über Werksangehörige oder deren Familien,
- absichtliches Zurückhalten von arbeitsnotwendigen Informationen oder sogar Desinformation,
- Drohungen und Erniedrigungen,
- Beschimpfung, verletzende Behandlung, Hohn und Aggressivität,
- unwürdige Behandlung durch Vorgesetzte, wie z.B. die Zuteilung kränkender, unlösbarer, sinnloser oder gar keiner Aufgaben.

- Diskriminierung, wie beispielsweise aus rassistischen, ausländerfeindlichen oder religiösen Gründen, die in mündlicher oder schriftlicher Form geäußert werden sowie diesbezügliche Handlungen gegenüber Werksangehörigen.

Die o.g. Grundsätze gelten gleichermaßen für das Verhalten von Werksangehörigen gegenüber im Unternehmen beschäftigten Fremdfirmenangehörigen.

3. Beschwerderecht

Wenn eine persönliche Zurechtweisung durch die belästigte Person im Einzelfall erfolglos ist oder unangebracht erscheint, können sich die betroffenen Werksangehörigen, die sich durch Missachtung der unter Punkt 2 beschriebenen Grundsätze beeinträchtigt fühlen, an die nachfolgenden Stellen wenden.

Verantwortliche Stellen in diesem Sinne sind insbesondere

- der/die betrieblichen Vorgesetzten,
- der Betriebsrat,
- die Frauenbeauftragte,
- das Personalwesen,
- das Gesundheitswesen.

Diese haben die Aufgabe, unverzüglich, spätestens innerhalb einer Woche nach Kenntnis des Vorfalls:

- die Betroffenen zu beraten und zu unterstützen,
- in getrennten oder gemeinsamen Gesprächen mit den Belästigenden und den belästigten Personen den Sachverhalt festzustellen und zu dokumentieren,
- die belästigende Person über die tatsächlichen und arbeitsrechtlichen Zusammenhänge und Folgen einer Belästigung im vorgenannten Sinne am Arbeitsplatz aufzuklären,
- den zuständigen Gremien Gegenmaßnahmen und ggf. arbeitsrechtliche Konsequenzen im Rahmen der bestehenden Verfahren vorzuschlagen,
- allen – auch vertraulichen – Hinweisen und Beschwerden von Belästigung im vorgenannten Sinne nachzugehen,
- auf Wunsch die/den Betroffene/n zu/in allen Gesprächen und Besprechungen einschließlich zu Sitzungen des Personalausschusses zu begleiten, zu beraten und sie in ihrer Vertretung zu unterstützen.

Über die Teilnahme von Vertrauenspersonen an seiner Sitzung entscheidet der Personalausschuss in Abwägung der Umstände des Einzelfalls.

Darüber hinaus können sich betroffene Werksangehörige auch jederzeit an Personen ihres Vertrauens sowie an den Werkschutz wenden.

Die §§ 84 und 85 des Betriebsverfassungsgesetzes über das allgemeine Beschwerderecht bleiben unberührt.

Die Beschwerde darf nicht zu Benachteiligungen führen.

4. Vertraulichkeit

Über die Information und Vorkommnisse, persönlichen Daten und Gespräche ist absolutes Stillschweigen gegenüber Dritten zu bewahren, die nicht am Verfahren beteiligt sind.

5. Maßnahmen

Das Unternehmen hat die dem Einzelfall angemessenen betrieblichen Maßnahmen gemäß § 32 der Arbeitsordnung, wie z.B.

- Belehrung,
- Verwarnung,
- Verweis,
- Geldbuße

oder arbeitsrechtliche Maßnahmen, wie z.B.

- Versetzung,
- Abmahnung oder
- Kündigung

zu ergreifen.

Die Durchführung erfolgt in Abstimmung mit dem Betriebsrat. Zur Abhilfe kann auch ein Beratungs- und/oder Therapieangebot erfolgen.

Im Übrigen gelten die einschlägigen gesetzlichen Bestimmungen, z.B. das Beschäftigtenschutzgesetz.

6. Fördermaßnahmen

Fortbildung

Im Rahmen der beruflichen Fort- und Weiterbildung von Werksangehörigen wird die Problematik der sexuellen Belästigung am Arbeitsplatz, des Mobbings und der Diskriminierung, der Rechtsschutz für die Betroffenen und die Handlungsverpflichtungen der Vorgesetzten aufgenommen. Dies gilt insbesondere für

- betriebliche Vorgesetzte,
- Ausbilder/Ausbilderinnen,
- betriebliche Ausbildungsbeauftragte,
- Beschäftigte des Personal- und Gesundheitswesens sowie den Betriebsrat.

Seminare

In Zusammenarbeit mit dem Gleichstellungsausschuss des Betriebsrates, der Frauenförderung und der VW-Coaching GmbH werden zielgruppenorientierte Seminare/Seminarbausteine erstellt.

Information und Aufklärung

Im Interesse einer umfassenden Informations- und Aufklärungskampagne innerhalb der Belegschaft werden die partnerschaftlichen Verhaltensgrundsätze in einer Broschüre der Belegschaft zugänglich gemacht. Darüber hinaus erfolgen unterstützend von Zeit zu Zeit Publikationen mit Vorschlägen/Hinweisen zur Verbesserung des Arbeitsklimas (z.B. Bekanntmachungsbretter).

7. Schlussbestimmung

Die Betriebsvereinbarung tritt am 1. 7. 1996 in Kraft. Sie kann mit einer Frist von 3 Monaten zum Jahresende gekündigt werden. Wird diese Betriebsvereinbarung gekündigt, z.B. im Falle einer Änderung einschlägiger gesetzlicher Vorschriften oder Rechtsprechung, gelten die Festlegungen dieser Betriebsvereinbarung bis zum Abschluss einer neuen Vereinbarung weiter.

Wolfsburg, den 20. 6. 1996
Volkswagen AG
Gesamtbetriebsrat Unternehmensleitung

Hinweis für Betriebs- und Personalräte

Beim Abschluss einer Betriebsvereinbarung kann sich der Betriebsrat auf das Betriebsverfassungsgesetz berufen. Hier besagt § 87 Abs. 1 Nr. 1 BetrVG, dass Personalvertreter bei Fragen der Ordnung des Betriebes und des Verhaltens der Beschäftigten mitzubestimmen haben. Das heißt, der Betriebsrat kann eine entsprechende Betriebsvereinbarung notfalls mit Hilfe der Einigungsstelle erzwingen.

Der Wortlaut einer Betriebsvereinbarung sollte nicht von bereits bestehenden Vereinbarungen eines anderen Unternehmens »abgeschrieben« werden, sondern den eigenen betrieblichen Gegebenheiten entsprechen. In einem Betrieb lassen sich Lösungen durchsetzen, die im anderen vielleicht auf Ablehnung treffen. Hier spielt auch die Haltung des Unternehmers eine Rolle.

Gleichwohl sollten unabhängig von den jeweiligen betrieblichen Anpassungen die folgenden Punkte in einer Betriebsvereinbarung festgeschrieben werden:

Überschrift:
- z.B. »Betriebsvereinbarung zu sozialem und partnerschaftlichem Verhalten am Arbeitsplatz«.

Präambel:
- Abschluss der Betriebsvereinbarung / Absichten und Ziele.

Geltungsbereich:
- Persönlich: alle im Betrieb Tätigen (Stammbelegschaft, Fremdfirmenbeschäftigte, Geschäftsleitung, Abteilungsleiter ...).
- Räumlich: für welche Betriebsteile, Abteilungen, Bereiche.
- Zeitlich: wenn die Betriebsvereinbarung befristet ist.

Begriffsklärung:
- Definition von Mobbing.
- Eventuell Aufzählung von Mobbinghandlungen (die bei Bedarf ergänzt werden können).

Verhaltensregeln:
- Aufstellung erwünschter Verhaltensweisen (Fairness, Rücksichtnahme usw.).
- Verbot unerwünschter Verhaltensweisen.
- Verhalten im Umgang mit Konfliktsituationen im Betrieb.

Betriebsklima:
- Maßnahmen zur Verbesserung des Betriebsklimas.
- Zeitpunkt und Art der Maßnahmen.
- Freistellung für die Teilnahme an den Maßnahmen.

Konfliktlösung:
- Regeln zur Bewältigung von Konfliktsituationen im Betrieb.
- Stufenplan zur Beseitigung von Missständen.
- Einschalten Dritter (Mediator, Selbsthilfegruppe, Psychologe).

Hilfe für Mobbingbetroffene:
- Angebot von Maßnahmen und Hilfe (therapeutische Gespräche, Ängste abbauen).
- Freistellung des Betroffenen für die Teilnahme an den Hilfsmaßnahmen.
- Kostenübernahme.

Mobbing-/Frauen-/Gleichstellungsbeauftragte(r)
- Aufgaben.
- Stellung (Mitglied des Betriebsrates oder externe Person).
- Schulungsmaßnahmen.
- Maßnahmen zur Sensibilisierung und Qualifizierung von Vorgesetzten und Beschäftigten (z. B. Vorträge, Seminare).

Schlichtungsrat:
- Zuständigkeit (bei Meinungsverschiedenheiten bezüglich der Betriebsvereinbarung zwischen Betriebsrat und Arbeitgeber).
- Besetzung.
- Ablauf des Schlichtungsverfahrens.
- Hinzuziehung von Sachverständigen.

Schlussbestimmungen:

- Information (Aushändigung der Betriebsvereinbarung an alle Betriebsangehörigen, Aushang am schwarzen Brett usw.
- Salvatorische Klausel (juristischer Begriff, der besagt: Sollten einzelne Bestimmungen des Vertrages unwirksam oder nichtig sein oder werden, so berührt dies die Gültigkeit der übrigen Bestimmungen dieses Vertrages nicht).
- Inkrafttreten, Kündigung und Nachwirkung der Betriebsvereinbarung.

Denken Sie daran:
Nur der Abschluss einer Betriebsvereinbarung löst das Mobbingproblem nicht. Erst die konsequente Umsetzung und ihre Überwachung durch den Betriebsrat führen zum erwünschten Ziel. Dazu gehört auch, dass Klauseln nachträglich gestrichen, geändert oder hinzugefügt werden, wenn sich ein Bedarf ergibt.

Gesetze

Artikel 1–3 des Grundgesetzes der Bundesrepublik Deutschland

Das deutsche Rechtssystem enthält keine ausdrücklichen Hinweise darauf, dass Mobbing strafbar ist oder die Betroffenen zivilrechtliche Schritte in die Wege leiten können. Jeder Mensch hat jedoch im Grundgesetz verankerte Rechte, die auch als Schutz vor Mobbing gesehen werden können. Besonders hervorzuheben sind dazu folgende Artikel im Grundgesetz:

Artikel 1

Die Würde des Menschen ist unantastbar. Sie zu achten und zu schützen ist Verpflichtung aller staatlichen Gewalt. Das deutsche Volk bekennt sich darum zu unverletzlichen und unveräußerlichen Menschenrechten als Grundlage jeder menschlichen Gemeinschaft, des Friedens und der Gerechtigkeit in der Welt.

Artikel 2

Jeder hat das Recht auf die freie Entfaltung seiner Persönlichkeit, soweit er nicht die Rechte anderer verletzt und nicht gegen die verfassungsmäßige Ordnung oder das Sittengesetz verstößt.

Jeder hat das Recht auf Leben und körperliche Unversehrtheit. Die Freiheit der Person ist unverletzlich.

Artikel 3

Alle Menschen sind vor dem Gesetz gleich.

Männer und Frauen sind gleichberechtigt.

Niemand darf wegen seines Geschlechts, seiner Abstammung, seiner Rasse, seiner Sprache, seiner Heimat und Herkunft, seines Glaubens, seiner religiösen oder politischen Anschauungen benachteiligt oder bevorzugt werden. Niemand darf wegen seiner Behinderung benachteiligt werden.

(Anmerkung: Damit den Betroffenen diese Grundrechte auch in der Praxis zugute kommen, ist es notwendig, dass sie sich selbst oder mit Hilfe des Betriebsrates und/oder eines Rechtsanwaltes an die Strafverfolgungsbehörden wenden. Bei erkennbaren Straftatbeständen sind diese zur selbstständigen Ermittlung verpflichtet.)

Gesetz zum Schutz der Beschäftigten vor sexueller Belästigung am Arbeitsplatz (Beschäftigtenschutzgesetz)

§ 1 Ziel, Anwendungsbereich

Ziel des Gesetzes ist die Wahrung und Würde von Frauen und Männern durch den Schutz vor sexueller Belästigung am Arbeitsplatz.

Beschäftigte im Sinne dieses Gesetzes sind ...

... die Arbeitnehmerinnen und Arbeitnehmer in Betrieben und Verwaltungen des privaten oder öffentlichen Rechts (Arbeiterinnen und Arbeiter, Angestellte, zu ihrer Berufsausbildung Beschäftigte), ferner Personen, die wegen ihrer wirtschaftlichen Unselbstständigkeit als arbeitnehmerähnliche Personen anzusehen sind. Zu diesen gehören auch die in Heimarbeit Beschäftigten und die ihnen Gleichgestellten; für sie tritt an die Stelle des Arbeitgebers der Auftraggeber oder Zwischenmeister.

... die Beamtinnen und Beamten des Bundes, der Länder, der Gemeinden, der Gemeindeverbände sowie der sonstigen der Aufsicht des Bundes oder eines Landes unterstehenden Körperschaften, Anstalten oder Stiftungen des öffentlichen Rechts.

... die Richterinnen und Richter des Bundes und der Länder.

... weibliche und männliche Soldaten (§ 6).

§ 2 Schutz vor sexueller Belästigung

Arbeitgeber und Dienstvorgesetzte haben die Beschäftigten vor sexueller Belästigung am Arbeitsplatz zu schützen. Dieser Schutz umfasst auch vorbeugende Maßnahmen. Sexuelle Belästigung am Arbeitsplatz ist jedes vorsätzliche, sexuell bestimmte Verhalten, das die Würde von Beschäftigten am Arbeitsplatz verletzt. Dazu gehören …

… sexuelle Handlungen und Verhaltensweisen, die nach den strafgesetzlichen Vorschriften unter Strafe gestellt sind, sowie

… sonstige sexuelle Handlungen und Aufforderungen zu diesen, sexuell bestimmte körperliche Berührungen, Bemerkungen sexuellen Inhalts sowie Zeigen und sichtbares Anbringen von pornografischen Darstellungen, die von den Betroffenen erkennbar abgelehnt werden.

Sexuelle Belästigung am Arbeitsplatz ist eine Verletzung der arbeitsvertraglichen Pflichten oder ein Dienstvergehen.

§ 3 Beschwerderecht der Beschäftigten

Die betroffenen Beschäftigten haben das Recht, sich bei den zuständigen Stellen des Betriebes oder der Dienststelle zu beschweren, wenn sie sich vom Arbeitgeber, von Vorgesetzten, von anderen Beschäftigten oder von Dritten am Arbeitsplatz sexuell belästigt im Sinne des § 2 Abs. 2 fühlen. Die Vorschriften der §§ 84, 85 des Betriebsverfassungsgesetzes bleiben unberührt.

Der Arbeitgeber oder Dienstvorgesetzte hat die Beschwerde zu prüfen und geeignete Maßnahmen zu treffen, um die Fortsetzung einer festgestellten Belästigung zu unterbinden.

§ 4 Maßnahmen des Arbeitgebers oder Dienstvorgesetzten, Leistungsverweigerungsrecht

Bei sexueller Belästigung hat …

… der Arbeitgeber die im Einzelfall angemessenen arbeitsrechtlichen Maßnahmen wie Abmahnung, Umsetzung, Versetzung oder Kündigung zu ergreifen. Die Rechte des Betriebsrates nach § 87 Abs. 1 Nr. 1, §§ 99 und 102 des Betriebsverfassungsgesetz und des Personalrates nach § 75 Abs. 1 Nr. 2 bis 4a und Abs. 3 Nr. 15, § 77 Abs. 2 und § 79 des Bundespersonalvertretungsgesetzes sowie nach den entsprechenden Vorschriften der Personalvertretungsgesetze der Länder bleiben unberührt.

... der Dienstvorgesetzte die erforderlichen dienstrechtlichen und personalwirtschaftlichen Maßnahmen zu treffen. Die Rechte des Personalrates in Personalangelegenheiten der Beamten nach den §§ 76, 77 und 78 des Bundespersonalvertretungsgesetzes sowie nach den entsprechenden Vorschriften der Personalvertretungsgesetze der Länder bleiben unberührt.

Ergreift der Arbeitgeber oder Dienstvorgesetzte keine oder offensichtlich ungeeignete Maßnahmen zur Unterbindung der sexuellen Belästigung, sind die belästigten Beschäftigten berechtigt, ihre Tätigkeit am betreffenden Arbeitsplatz ohne Verlust des Arbeitsentgelts und der Bezüge einzustellen, soweit dies zu ihrem Schutz erforderlich ist.

Der Arbeitgeber oder Dienstvorgesetzte darf die belästigten Beschäftigten nicht benachteiligen, weil diese sich gegen eine sexuelle Belästigung gewehrt und in zulässiger Weise ihre Rechte ausgeübt haben.

§ 5 Fortbildung für Beschäftigte im öffentlichen Dienst

Im Rahmen der beruflichen Aus- und Fortbildung von Beschäftigten im öffentlichen Dienst sollen die Problematik der sexuellen Belästigung am Arbeitsplatz, der Rechtsschutz für die Betroffenen und die Handlungsverpflichtungen des Dienstvorgesetzten berücksichtigt werden. Dies gilt insbesondere bei der Fortbildung von Beschäftigten der Personalverwaltung, Personen mit Vorgesetzten- und Leitungsaufgaben, Ausbildern sowie Mitgliedern des Personalrates und Frauenbeauftragten.

§ 6 Sonderregelung für Soldaten

Für weibliche und männliche Soldaten bleiben die Vorschriften des Soldatengesetzes, der Wehrdisziplinarordung und der Wehrbeschwerdeordnung unberührt.

§ 7 Bekanntgabe des Gesetzes

In Betrieben und Dienststellen ist dieses Gesetz an geeigneter Stelle zur Einsicht auszulegen oder auszuhändigen.

Betriebsverfassungsgesetz (Auszug)

Das Betriebsverfassungsgesetz (BetrVG) enthält eine Reihe von Schutzrechten, die Mobbingbetroffenen eine rechtliche Handhabe gegen weitere Schikanen ermöglichen. Weiterhin legt das BetrVG dem Arbeitgeber eine Fürsorgepflicht auf, durch die es erst gar nicht zu Mobbing kommen sollte.

Die gleiche Regelung ist für den öffentlichen Dienst im Bundespersonalvertretungsgesetz (BPersVG) festgeschrieben.

§ 74 BetrVG / § 66 BPersVG

Betriebs-/Personalrat und Arbeitgeber sollen sich mindestens einmal im Monat zu einer Besprechung zusammensetzen und strittige Fragen mit dem ernsten Willen zur Einigung behandeln.

§ 75 BetrVG / § 67 Abs. 1 BPersVG

Betriebs-/Personalräte und Arbeitgeber sind verpflichtet, die freie Entfaltung der Persönlichkeit der ArbeitnehmerInnen zu schützen und zu fördern.

Dazu gehört zum Beispiel auch ein Belästigungsverbot am Arbeitsplatz. Täterinnen und Täter können auch zur Rechenschaft gezogen werden.

§ 76 BetrVG / § 71 BPersVG

Der Betriebs-/Personalrat kann anregen, dass zur Beilegung von Meinungsverschiedenheiten zwischen ihm und dem Arbeitgeber eine ständige Einigungsstelle eingerichtet wird.

§ 84 BetrVG

Arbeitnehmerinnen und Arbeitnehmer haben das Recht, sich bei den zuständigen Stellen des Betriebes zu beschweren, wenn sie vom Arbeitgeber oder von Beschäftigten des Betriebs benachteiligt oder ungerecht behandelt oder in sonstiger Weise beeinträchtigt werden.

Der Arbeitgeber hat die Beschwerde zu behandeln und muss die Beschwerdeführer über das Ergebnis der Beschwerde unterrichten.

§ 85 BetrVG / § 68 Abs. 3 BPersVG

Betriebs-/Personalräte haben Beschwerden von Beschäftigten entgegenzunehmen und auf Abhilfe hinzuwirken.

§ 98 BetrVG

Der Betriebsrat kann den Arbeitgeber auffordern, Weiterbildungsangebote für Betroffene anzubieten.

§ 80 Abs. 1 Ziff. 2 BetrVG / § 68 Abs. 2 BPersVG

Der Betriebs-/Personalrat hat beim Arbeitgeber Maßnahmen zu beantragen, die dem Betrieb und der Belegschaft dienen.

§ 83 BetrVG

Arbeitnehmerinnen und Arbeitnehmer haben das Recht, Einsicht in ihre Personalakte zu nehmen.

§ 104 BetrVG / § 77 Abs. 3 BPersVG

Der Betriebs-/Personalrat besitzt das Recht, vom Arbeitgeber zu verlangen, Arbeitnehmerinnen und Arbeitnehmer zu versetzen oder zu entlassen, wenn diese durch gesetzwidriges Verhalten oder durch grobe Verletzung des Betriebsfriedens wiederholt ernsthaft gestört haben.

Gerichtsurteile zu »Mobbing«

Grundsatzurteil des LAG Thüringen (gekürzt)

Am 10. 4. 2001 hat das Landesarbeitsgericht Thüringen ein 57-seitiges Urteil (Az. 5 Sa 403/2000) in einem Mobbingfall veröffentlicht. Erstmals hat sich hier ein deutsches Berufungsgericht in einer Musterentscheidung ausführlich mit dem Thema Mobbing auseinander gesetzt. Dabei entschied es nicht nur in dem konkreten, nachfolgend aufgezeichneten Fall, sondern stellte allgemeine rechtsverbindliche Grundsätze auf. Auf 50 Seiten setzt sich das Landesarbeitsgericht mit dem Begriff Mobbing und seiner Abwehr auseinander. Darüber hinaus stellt es allgemeine Grundsätze eines fairen Verfahrens bei einem Mobbing-Rechtsstreit auf. Durch diese Entscheidung wurde der Weg geebnet, endlich gegen Mobbingangriffe wirkungsvoll vorzugehen.

Der Fall

Monatelang war Reinhard M. ein hochgelobter Mitarbeiter. Dann kam ein neuer Vorstand und degradierte den Abteilungsleiter zum kleinen Befehlsempfänger. Der einstige Vorzeige-Banker sollte auf sechs Gehaltsstufen verzichten und nur noch Pfändungsangelegenheiten bearbeiten. Um ihn einzuschüchtern, hagelte es Abmahnungen. Die Taktik der Sparkasse: Zermürben und zur Aufgabe zwingen. Dabei ließen die Chefs keine Gemeinheit aus. Reinhard M. sollte zu Strukturen Stellung nehmen, die ihm niemals erklärt wurden. Seine Schlüssel wurden ihm abgenommen, Gespräche mit Kunden und Kollegen untersagt. Nach einem halben Jahr meldete sich der Gequälte krank. Er litt unter starken Depressionen, die auch seinen Körper angriffen. Aber er fand noch Kraft zu klagen und gewann.

Das Gericht bestätigte in seinem Urteil eine einstweilige Verfügung der Vorinstanz, welche in einer einstweiligen Verfügung die Degradierung des Sparkassenangestellten untersagt hatte. Das LAG drohte 50 000 Mark (rund 26 000 Euro) Ordnungsgeld bei weiterem Mobbing an.

Nachfolgend ist die Urteilsbegründung in gekürzter Form zusammengefasst (wo es notwendig erschien, wurde die fachjuristische Sprache in eine für jedermann verständliche Form übertragen).

Mobbing-Definition

Das LAG Thüringen definierte Mobbing wie folgt:
- »... fortgesetzte, aufeinander aufbauende oder ineinander übergreifende, der Anfeindung, Schikane oder Diskriminierung dienende Verhaltensweisen mit dem Ziel, das allgemeine Persönlichkeitsrecht, oder andere ebenso geschützte Rechte wie die Ehre oder die Gesundheit des Betroffenen verletzen.
- Ein vorgefasster Plan ist nicht erforderlich. Eine Fortsetzung des Verhaltens unter schlichter Ausnutzung der sich jeweils bietenden Gelegenheiten ist ausreichend.

Als Mobbing-Verhaltensweisen kommen insbesondere in Betracht:
- Tätlichkeiten
- ehrverletzende Handlungen
- sexuelle Belästigungen
- Demütigungen
- Diskriminierungen
- grundlose Herabwürdigung der Leistungen
- vernichtende Beurteilungen
- Isolierung
- Abkoppelung von der betrieblichen Information und Kommunikation
- schikanöse Anweisungen, wie Zuteilung nutzloser oder unlösbarer Aufgaben
- Ankündigung oder Durchführung von belastenden Maßnahmen ohne Begründung
- Durchführung von Maßnahmen, denen vergleichbare Mitarbeiter nicht unterworfen sind
- sachlich nicht begründbare Häufung von Arbeitskontrollen.

Weiter stellte das Gericht fest: Ein als Mobbing zu bezeichnendes Verhalten kann zu den schwerwiegendsten Folgen führen.

Auch heimtückische, anonyme und deshalb versteckte Aktionen können zur Verletzung von Rechten führen, und nur darauf kommt es aus der Sicht einer rechtlichen Bewertung an.

Es gehört zu den arbeitsvertraglichen Pflichten des Arbeitgebers, Mobbinghandlungen zu unterlassen oder zu unterbinden.

Mobbing verletzt die durch das Grundgesetz geschützten Persönlichkeitsrechte des Arbeitnehmers, insbesondere die Würde und das Recht auf freie Entfaltung der Persönlichkeit (Art. 1 und 2 Grundgesetz).

Der Arbeitnehmer kann verlangen und erwarten, dass der Arbeitgeber die Angriffe auf ihn abstellt (d.h. der Arbeitgeber muss gegen den/die Mobber einschreiten).

Der Betroffene darf notfalls die Arbeit verweigern, wenn er keine andere Möglichkeit mehr sieht, den Mobbingangriffen zu entkommen. Konsequenzen hat er durch die Arbeitsverweigerung in diesem Fall nicht zu befürchten.

Weitere Urteile

Nicht jede Meinungsverschiedenheit ist »Mobbing«

Urteil des LAG Schleswig-Holstein vom 19. März 2002 (AZ: 3 Sa 1/2)

Der Begriff »Mobbing« bezeichnet nach Ansicht des LAG Schleswig Holstein eine »konfliktbelastete Kommunikation am Arbeitsplatz« unter Kollegen oder zwischen Vorgesetzten und Untergebenen. Die Situation des Betroffenen sei gekennzeichnet durch den Versuch der anderen, ihn aus dem Arbeitsverhältnis auszustoßen.

Nicht jede Meinungsverschiedenheit könne daher als »Mobbing« definiert werden, schreibt der Richter. Nötig sei vielmehr ein systematisches Vorgehen gegen Einzelne.

Geldstrafe für Mobber
Urteil vom 16. 8. 2001 (AZ: 6 SA 415/2001)

Das LAG verurteilte den Chef der Volksbank Grünstadt im Kreis Bad Dürkheim dazu, 15 000 Mark (ca. 7500 Euro) an den früheren Leiter des Geldinstituts zu zahlen. Das Gericht führte zur Begründung an, der Verurteilte habe über Monate hinweg »die persönliche Ehre und das berufliche Selbstverständnis des Mannes massiv verletzt«.

Das Opfer war nach einer Bankenfusion von seinem neuen Vorgesetzten systematisch kaltgestellt worden. Der Richter sagte FOCUS: »Er traktierte den Mann mit erniedrigenden und schikanösen Anweisungen, nahm ihm die Sekretärin, den Schreibtisch und schließlich das Büro weg.« Das Urteil hat für ähnlich gelagerte Fälle Präzedenz-Charakter, andere Mobbing-Opfer können sich nun auf die Entscheidung der Mainzer Richter berufen. (Quelle: FOCUS)

»Krankschreiben lassen« ist keine Eigenkündigung
AG Hamburg (AZ: 5 Ca 596/97)

Der Fall
Nachdem sie ausgelernt hatte, befand sich eine Apothekenhelferin in einer ständigen Mobbing-Situation in ihrer Apotheke. Es handelte sich um Bossing durch die Apothekerin, dem sich eine Kollegin als Mitläuferin durch Mobbing anschloss. Nach einem halben Jahr hatten sich bereits zahlreiche gesundheitliche Störungen eingestellt, insbesondere Übelkeit auf dem Weg zur Arbeit. Im Dezember räumte die Betroffene ihren Spind leer und sagte zu einer Kollegin, sie wolle sich krankschreiben lassen. Die Apothekerin sah hierin eine Eigenkündigung, drang damit vor Gericht aber nicht durch.

Die Entscheidung des Arbeitsgerichts:
Sowohl die fristlose als auch ersatzweise fristgemäße Kündigung der Mobbing-Betroffenen ist unwirksam. Das Arbeitsverhältnis besteht fort. In der Äußerung der jungen Apothekenhelferin

gegenüber einer Kollegin, sie würde jetzt zum Arzt gehen und sich krankschreiben lassen, sah das Gericht keine Eigenkündigung, da die Arbeitsunfähigkeit auf Grund einer Mobbing-Situation am Arbeitsplatz sowohl vom behandelnden Arzt als auch vom Medizinischen Dienst der Krankenversicherung diagnostiziert wurde. Auch Argumente, die in Richtung Arbeitsverweigerung zielten, griffen aus denselben Gründen nicht.

Schadensersatz für Mobbing-Opfer
LAG Hamm (AZ: 8 Sa 878/00)

Das Landesarbeitsgericht Hamm verurteilte eine Vorarbeiterin, den Verdienstausfall einer entlassenen Kollegin zu ersetzen, bis sie wieder einen neuen Arbeitsplatz gefunden hat. Die Kollegin verlor den Arbeitsplatz auf Grund wahrheitswidriger Behauptungen der Vorarbeiterin.

Sexuelle Belästigung am Arbeitsplatz
Arbeitsgericht Lübeck (AZ: 1 Ca 2479/00)

Weil er Kolleginnen begrapschte, hat ein 30 Jahre alter Altenpfleger seinen Job verloren. Das Arbeitsgericht wies seine Kündigungsschutzklage ab. Der Pfleger hatte zunächst einer Frau an den Busen gegrapscht und sich dafür eine saftige Ohrfeige eingefangen. Dennoch tätschelte er danach einer anderen Kollegin auch noch den Po. Das reichte zum Rauswurf. Das Arbeitsgericht Lübeck urteilte außerdem, dass der Griff an den Busen einer Arbeitnehmerin ein derart massiver Angriff auf ihre Würde sei, dass sich der Arbeitgeber schützend vor sie stellen kann. Grapscher riskieren also eine außerordentliche (fristlose) Kündigung.

Schmerzensgeld bei Schikane am Arbeitsplatz
Arbeitsgerichts Ludwigshafen (AZ: 1 Ca 2136/00)

Greift ein Arbeitgeber im Rahmen eines Arbeitsverhältnisses in schwerwiegender, rechtswidriger und schuldhafter Weise in das Persönlichkeitsrecht seines Arbeitnehmers ein, so macht er sich schmerzensgeldpflichtig.

Mit dieser Entscheidung sprach das Arbeitsgericht Ludwigshafen einem ehemaligen Direktor ein Schmerzensgeld in Höhe von rund 52 000 DM (ca. 26 000 Euro) zu. Nach einer Unternehmensfusion war dieser, so die Auffassung des Gerichts, von seinem Arbeitgeber systematisch herabgesetzt und schikaniert worden. So wurde er beispielsweise mehrere Monate unberechtigt von der Arbeit freigestellt und musste täglich Arbeitsnachweise erbringen. (Quelle: dpa)

Nach Eigenkündigung bei Mobbing keine Sperrzeit
Landessozialgericht Rheinland-Pfalz (AZ: L 1 AL 110/00)

Kündigt ein Arbeitnehmer von sich aus, verhängt das Arbeitsamt normalerweise eine 12-wöchige Sperrzeit. Das tat es auch im Fall eines Buchhalters, der allerdings aus einem ganz besonderen Grund gekündigt hatte: Er war an seinem Arbeitsplatz extremen Mobbing-Attacken ausgesetzt, die zu einem gefährlichen Bluthochdruck geführt hatten, sodass die Arbeit unter diesen Umständen aus medizinischer Sicht nicht mehr vertretbar war. Da sein Arbeitgeber nicht willens gewesen sei, Abhilfe zu schaffen, habe der Betroffene kündigen dürfen, ohne mit einer Sperre belegt zu werden, entschied das Gericht.

Wer mobbt, darf gekündigt werden
LAG Thüringen (AZ: 5 Sa 102/2000)

Wer Kollegen mobbt, muss mit einer fristlosen Kündigung auch ohne vorheriger Abmahnung rechnen. Der Fall: Der Leiter eines Supermarktes hat einen herzkranken Angestellten so beschimpft und beleidigt, dass der erst krank wurde, dann einen Selbstmordversuch beging. Die Firma warf den Mobber raus – zu Recht, so die Richter des Thüringer Landesarbeitsgerichts.

Hier finden Betroffene Hilfe

(Anmerkung: Die Hinweise wurden sorgfältig recherchiert. Gleichwohl kann für die Richtigkeit der Angaben und die Qualität der angebotenen Mobbinghilfe keine Garantie übernommen werden.)

Eine Fülle von Ärzten, Psychologen, Selbsthilfegruppen und Institutionen bieten Mobbingbetroffenen ihren Beistand an. Die angebotene Auswahl kann in diesem Buch nur wenige Anlaufstellen auflisten. Oft bekommen Sie hier jedoch Auskunft, wo Sie in Ihrer Nähe Beratung finden. Oder wenden Sie sich direkt an die nachfolgend aufgeführten Personen und Institutionen in Ihrem Heimatort:

- Ortsverwaltung der Gewerkschaft (für Gewerkschaftsmitglieder): Hier werden Sie rechtlich beraten und – gegebenenfalls – an psychosoziale Beratungsstellen weiter verwiesen
- die Ortsniederlassungen der Krankenkassen
- Seelsorge der Kirchen
- Hausärzte
- Psychologen
- Rechtsanwälte

Mobbing-Telefone, Gewerkschaften, Kirchliche Seelsorge

Berlin: Mobbing-Beratungsstelle Berlin, Am Köllnischen Park, 10179 Berlin, Telefon (030) 27 56 05 03

Schleswig-Holstein: Lübeck, No-Mobbing-Telefon der IG Metall Lübeck. Dienstags zwischen 17.00 Uhr und 19.00 Uhr unter der Telefon Nr. (0451) 8 40 40
Internet: http://www2.igmetall.de/homepages/luebeck/

Niedersachsen: Mobbing-Beratungsstelle im Gesundheitszentrum, Burgstraße 5, 37073 Göttingen, Telefon (0551) 48 67 60/66

Hamburg: Hamburger Mobbingtelefon der AOK, Pappelallee 22–26, 22089 Hamburg, Sprechstunden: Montag 10.00–14.00 Uhr, Dienstag 14.00–18.00 Uhr, Donnerstag 17.00–20.00 Uhr
Telefon (040) 20 23-02 09

Bremen: Bundesarbeitsgemeinschaft gegen Mobbing, BAKI – Meine Schule, Undeloher Straße 12, 28329 Bremen, Telefon (0421) 4 67 86 97, Fax (0421) 46 25 40

Mecklenburg-Vorpommern: Kontakt- und Infostelle für Selbsthilfegruppen, Stralsund, Telefon (03831) 29 26 45

Sachsen: Gesellschaft für Arbeits- und Sozialrecht e.V., Cottaer Straße 4, Dresden, Telefon (0351) 8 67 84–18

Sachsen-Anhalt: Mobbing-Selbsthilfegruppe, Corinna Grobler i.H. BW ver.di, Gerstedter Weg 43, 29410 Salzwedel, Telefon (03901) 42 34 23

Nordrhein-Westfalen: Das Ministerium für Arbeit, Gesundheit und Soziales des Landes hat eine Broschüre mit den Adressen aller Mobbing-Beratungsstellen in NRW herausgegeben. Sie kann direkt beim Ministerium angefordert werden: Ministerium für Arbeit, Gesundheit und Soziales, Fürstenwall 25, 40190 Düsseldorf, Telefon (0211) 8 55–33 34

Rheinland: Mobbing-Telefon AOK Rheinland, dienstags von 14 bis 18 Uhr unter der Nummer (0221) 27 18 02 00

Rheinland-Pfalz: Mobbingberatungstelefon des DGB und des KDA Mannheim/Ludwigshafen, Telefon (0621) 1 56 17 17, Dienstag 14.00–16.00 Uhr und Donnerstag 17.00–19.00 Uhr

Baden-Würtemberg: Mobbingtelefon – DAG-Bezirk Württemberg, Betriebsseelsorge – Diözesane Arbeitsstellen, DGB/Kreis Ludwigsburg/Stuttgart-Böblingen, Dienstag und Donnerstag 17.00–19.00 Uhr, Telefon (0711) 2 02 83 60, http://www.betriebsseelsorge.de

Region Südbaden-Hochrhein: Mobbing-Beratungstelefon Freiburg (Träger des Mobbing-Telefons sind: Kirchlicher Dienst in der Arbeitswelt Südbaden (KDA), Katholische Arbeitnehmerbewegung Südbaden (KAB), Deutscher Gewerkschaftsbund (DGB), Region Südbaden-Hochrhein). Mobbing-Telefon (0761) 29 28 00 99, dienstags und donnerstags von 17.00 bis 19.00 Uhr

Bayern: Konsens e.V., Mobbing-Beratung, Postfach 83 05 45, 81705 München, Telefon (089) 60 60 00 70, Dienstag 15.00–18.00 Uhr und Donnerstag 9.00–12.00 Uhr

Eine informative Internetseite mit Anschriften von Mobbingberatungestellen in allen Bundesländern bietet der Deutsche Gewerkschaftsbund an. http://www.dgb.de/themen/mobbing/mobbing_09.htm

Österreichischer Gewerkschaftsbund (ÖGB)
Schweizer Gewerkschaftsbund (SGB)

Die Dachorganisationen ÖGB und SGB geben Auskunft, an wen sich Mobbingbetroffene in der Nähe ihres Wohnortes wenden können.

- Österreichischer Gewerkschaftsbund, Referat für Humanisierung, Technologie und Umwelt, Hohenstaufengasse 10–12,

A-1010 Wien. Ansprechpartnerin: Mag. Renate Czeskleba, Telefon (01) 5 34 44/4 43, e-mail: renate.czeskleba@oegb.or.at Website: http://www.oegb.at/

- Schweizerischer Gewerkschaftsbund, Monbijoustraße 61, Postfach 64, 3000 Bern 23, Telefon (031) 3 77 01 01
  E-Mail: info@sgb.ch, Website: http://www.sgb.ch/kontakt.htm

Internetadressen von Anwaltsvereinen und Anwaltssuchdiensten

Anwaltsvereine geben Auskunft, wo Sie in Ihrer Nähe einen Fachanwalt für Arbeitsrecht finden:

- http://www.iusweb.de/adressen.php3?bereich=3
- http://www.anwaltverein.de/
- http://www.marktplatz-recht.de/seiten/organisationen/anwaltverein.html

Über Anwaltssuchdienste im Internet bietet sich die Möglichkeit, einen Fachanwalt direkt nach Name, PLZ, Ort, Interessenschwerpunkt usw. zu suchen.

- http://www.jura.uni-sb.de/internet/anwaltssuche.html
- http://jurguide.de/html/body_links.html
- http://www.guterrat.de/suchdienst.htm

Literaturnachweis

Becker C. & H. Mertz: Mobbingopfer sind nicht wehrlos. Freiburg 1998
Ulrike Brommer: Mobbing. München 1995
Axel Esser & Martin Wolmerath: Mobbing. Frankfurt/Main 2001
Jürgen Hesse & Hans C. Schrader: Krieg im Büro. Frankfurt/Main 1995
Norbert Kollmer: Rechtsberatung Mobbing. Heidelberg 2000
Hans Jürgen Kratz: Mobbing – Erkennen Ansprechen Vorbeugen. Wien 2000
Heinz Leymann: Mobbing. Reinbek 2002
David Lieberman: Halt mich nicht für blöd. München 2000